U0902938

你松开手，

我便落入茫茫宇宙

程碧 / 原名程园园

喜欢阅读世界各国不同领域里活得精彩的女子的故事，以此汲取能量；亦爱研究民国女子、民国风物。

现为全球生活美学 MOOK《innearth 地球旅馆》系列读物的主编。同时也是独立设计师。

愿以文字在时间上缝制美妙的针脚。

PHYLLIS
LIN'S
STORY

林徽因：

在所有物是人非的景色里，我只喜欢你

程碧——作品

辽宁人民出版社

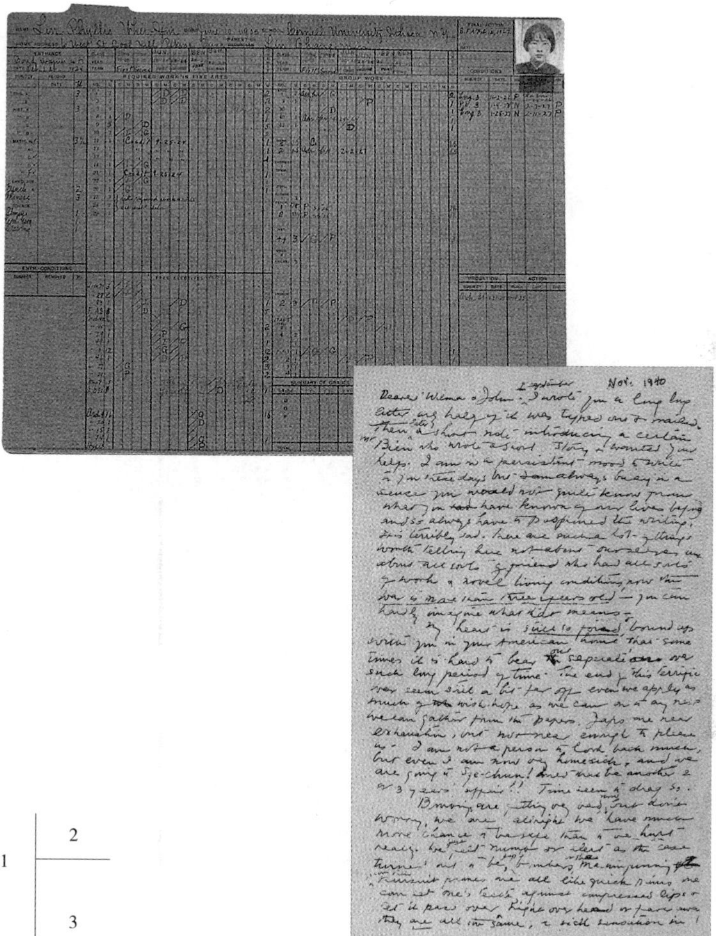

1 林徽因（左二）和宾夕法尼亚大学的同学们。

2 林徽因在宾夕法尼亚大学的成绩单，D 代表“DISTINGUISH(杰出)”，是最高的成绩，可以看出她是个学霸。

3 林徽因致费正清、费慰梅书信手迹。

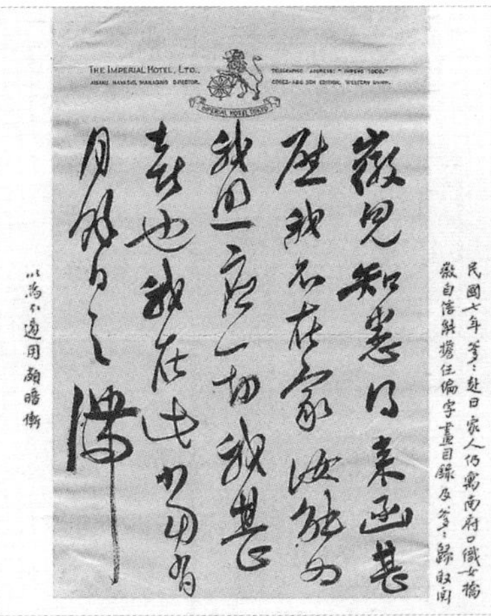

THE IMPERIAL HOTEL, LTD.

民國七年爹爹赴日家人仍寓南府口織女橋 徽自信能擔任編字畫目錄及爹爹歸數閱

以為不適用頗暗慚

2 3

1

4

1 林徽因指导常沙娜、钱美华、孙君莲设计的丝巾。

2 一九一八年四月十六日，林长民致林徽因书信手迹。旁批楷书系林徽因手迹。

3 一九二六年圣诞节，林徽因设计的卡片。

4 林徽因为女儿画的漫画。

1	3
2

1 一九二七年三月，梁思成、林徽因在宾夕法尼亚大学参加化装舞会。

2 一九二七年，林徽因在耶鲁大学学习舞台设计时，设计的舞台布景照。

3 一九二七年六月，林徽因在美国宾夕法尼亚大学毕业时的照片。

1	2	4
3		

1 一九二八年，林徽因、梁思成的蜜月之旅，也是探访欧洲古典建筑之旅。归国途中留影。

2 一九三一年五月，梁思成和林徽因在天坛祈年殿陡匾下的合影。

3 一九三四年夏，林徽因与费慰梅在山西考察。

4 一九三五年，林徽因在北平北总布胡同三号家中。

1	3 4
2	5

1 一九三六年四月，林徽因、梁思成与费慰梅在北平。

2 一九三六年四月，林徽因、金岳霖与美国建筑学家克拉伦斯·斯坦因在北平游玩。

3 一九三六年六月，林徽因在测绘山东兖州兴隆寺塔。

4 一九三六年六月，正在山东兖州兴隆寺塔前画图的林徽因。

5 一九三六年，林徽因在北平北总布胡同院中踏雪。

1 一九三六年，林徽因与女儿梁再冰、儿子梁从诫在一起。

2 一九三九年秋天，林徽因和女儿在昆明龙头村自己设计建造的住所前。

序言 | 还有什么比活着的时候快乐更快乐的事情

我一直这么认为，世上的女子也许可以分为两种：张爱玲式与林徽因式。

张爱玲，情感超前，才华出众，可以轻易地看破人世间男女的微妙感情。她更是把情事写得犀利、直白、不留情面。比如她在《色·戒》里写过的句子——“到女人心里的路通过阴道”，即便是隔着数十年的时光，到今天再看，依然惊世骇俗。不管文字，还是容貌，她看上去都不像是一个能吃亏的女人。

但这样一个看似把世间事、情爱事都看透了的女人，在现实的爱情中却总是处在下风。站在男人的角度，会认为她是个不需要照顾的女人，即使受到伤害，也可自愈，不需要哄，不需要宠，更不需要向她解释。

在她与胡兰成的感情中，就能看到这样的痕迹。在那场恋爱里，被伤害的那个人是她，但看起来高傲的她，却留下了这样的句子：“喜欢一个人，会卑微到尘埃里，然后开出花来。”

从这也可以看出，看起来那么强势、通透、不吃亏的张爱玲，却并不是一个会照顾自己的女人。她显然也不像是典型的上海女子，会疼惜自己，打理自己，过好温暖的小日子。她不是不想，而是不会。在她的人生中，最重要的部分都已被写作和爱情占据，已没有多余的心思去为世俗生活做打算。当她对爱情终于失望之后，所剩下的，便只有写作了。之所以后来说出过“因为懂得，所以慈悲”这样的话，估计那也只是她为自己幻象里曾经的爱情留下一个美丽的说法罢。

林徽因不同，她是一个情商很高的女子。她更像一个现代正能量女郎，出生于大家族的她，父母并不恩爱。林父宠爱的是大字不识的二姨太程桂林，致使林母一生都活在幽怨中。这使得林徽因自小便会察言观色，在父母、二娘，甚至二娘的孩子们的关系中，她是一个微妙的平衡点。因为她的存在，才使得这些人不至于陷入敌对状态，甚至这些人里的每一个，都与她保持着友好的关系，能做到这点并不是一件容易的事情。我们或许都有这样的体会，同情商高的人交往是一件令人舒服的事情。

况且她生得漂亮，却不是个什么都不会做的娇小姐。她是个跨领域的才女。在那个年代出名的女子，不是靠写作、演电影就是画画，大概只有林徽因选择了建筑作为终身事业。

双子座的林徽因，也从来都知道自己要什么。大部分的美女、才女，往往会在男人的追逐中失去自我，多多少少都会受到情感的拖累。在这方面，林徽因不能说是没有受到任何影响，但她总会在人生最重要的时刻，找到一条最正确的道路——那条不至于使自己陷入窘境的道路——或许她才是那个“挥一挥衣袖，不带走一片云彩”的人。即便在民国众多惊才绝艳的女子中，活得像林徽因这样周全的女子也不多。

而同样是出身于大家族的爱玲，同样是父母失和，她与家庭的关系却是对立的，决裂的。没有亲情滋养的人，内心往往悲凉，并自我放逐。

如果用花来比喻她俩，张爱玲就是鸢尾，姿态孤高倔强，让人不敢向前靠近；林徽因则是山茶，明媚，自信，吸引着人们围绕四周。

对待爱情，张爱玲像火，张爱一个人，就是一副豁出去了的姿态，是一个爱情终究会战胜理智的人。

林徽因像水，虽然她的内心也许会起波浪，但终究她会权衡得失，选那个最靠谱、最适合自己的人。

张爱玲在爱情里没有被善待，她未曾遇到好的人。如果张爱玲也遇到梁思成和徐志摩这两种不同类型的男士的追求，以她的性格，定是会选志摩。

林徽因则是每段感情的主人，爱慕林徽因的男人们，都会为林在心里留一个位置，他们都一再地用行动对林表达着：在人生兜兜转转中、在所有物是人非的景色里，我只喜欢你。他们像土壤一样滋养着她——有人搭了性命，有人用了一生。

我觉得，最好的爱情并不是你要星星要月亮，他都会为你去摘，最好的爱情是有个人能让你成为一个更好的女人。林徽因在建筑界和诗歌界的成就，至少是有两位迷恋她的男士引领的功劳，他们都让林成为更好的人。

张爱玲也好，林徽因也罢，都是像猫一样的女人，而且是出身优良的猫，即便是在窘迫的环境中，也颇优雅体面。林徽因的美国朋友费正清说："她穿一身合体的旗袍，朴素又高雅，别有一番韵味，东方美的娴雅、端庄、轻巧、魔力全在里头了。"而张爱玲连在家里见女性朋友都要"穿着一件柠檬黄袒胸露臂的晚礼服"，使人一望便知她是在盛装打扮中。

她们也都过过苦日子，张爱玲因为战事流落香港，生活拮据之时，不顾随时可能扔下的炮弹，也要与同学结伴去买一管口红；林徽因因为战事被迫向中国西南逃亡，在拥挤的小旅馆中，她也不忘把深埋心中的诗句写出来。

张的性格让她选择了自我放逐，林则尽量让自己通向温暖的地方。

说了这么多，我并非不喜欢爱玲，我只是心疼她，要活成张爱玲那样的女子需要拥有强大的内心和勇气来支撑，而我们大部分的人都只是现实世界里面的饮食男女，我们更需要的是现实世界里的快乐。

我们一生会遇到许多人，如搭乘一班熙攘的地铁，大量的人涌向你，他们与你交汇，与你擦肩，在某一时刻，你甚至与其中一些人离得很近，但你们就像生活在平行空间的不同图层上，这些人大都跟你没有什么关系，大部分的人都会消失在时间里。

如果运气不算坏，时过境迁，时光会给你留下几位挚友和可以相爱的人。如果运气足够好，他们也许会与你相伴一生。

林徽因就是那种运气足够好的女人，她的朋友们都宠爱她。当然一个人的好运气也是他的好性格带来的，就像古龙先生说的——“爱笑的女孩运气都不会差”。任何的情感交换都是互相作用的，林徽因品格中有很多珍贵的、吸引人的东西，像磁石般紧紧吸引着靠近她的人。

在25岁之前，我想成为张爱玲那样的传奇女子，与家庭决裂，靠写作为生，与某个多情的男人一生热烈纠缠，相爱相杀，穿奇怪的衣服，过颠沛流离的生活，不可一世，因为觉得这样的人生才酷。

而随着年龄渐长，越发觉得张爱玲的人生过于凄凉，就像她的小说一样，如果读多了就会感到周身被凉意包围，想要立刻走到阳光下逃开这样的凉意。

现在，我已并不想再穿一些奇怪的衣服，而会选择设计简单、平和而有质感的服装，在人群中稍微独特，却不想轻易就被众人的目光揪出来。我更享受同一个平和的男人相爱，生活在温暖的小房子里，偶尔买菜、煲粥，或者对着带有录音功能的设备大声读几首少年时热爱的诗歌，过着世俗、有活力又温暖的生活，不管外面的世界如何变化，只与一个人温暖相拥。

在人生的尽头，我希望如亦舒在《她比烟花寂寞》中所写的这样：“当我死的时候，我希望丈夫、子女都在我身边，我希望有人争我的遗产。我希望我的芝麻绿豆宝石戒指都有孙女儿爱不释手，号称是祖母留给她的。”

抛开她们的才情、作品的比较，如果也将林徽因活得过于短暂这一点抛开（她只活了51岁），林徽因的一生比张爱玲圆满太多，她的内心始终是明朗、丰沛、欢乐、向上的，即便身陷窘境之时，身边也有爱人相伴，也有朋友耐心听她的牢骚，离世的时候，一双儿女环绕膝前。

而张爱玲痛生生把自己活成了一个传奇。在她的晚年，她已经不大见人，以致在去世后很多天，才被发现伏身在冰凉的地板上。她汹涌的情感在文字中热闹着，引得众人追捧，而现世中的躯壳却是那么孤单，在活着的大多数时间里，也许她内心并不那么快乐。

而在这世界上，还能有什么比活着的时候快乐更快乐的事情？

目录

与金岳霖
陪伴是最长情的告白

林式爱情
爱情如同才华，都支撑不了一辈子

家族荣光
开明的家长们

中卷·人生：女神的迷思和壁垒

迷思
她只是活得很用力

文艺
兵荒马乱中的浪漫

壁垒
你当温柔，却有力量

下卷·情谊：是燕在梁间呢喃

林徽因的“仇敌”们

与费正清费慰梅夫妇
一生的朋友

附录
再读林徽因｜你是人间四月天（程碧／品读）

林徽因作品选

书信

散文

小说

诗歌

◎ 上卷 ◎

情事：最闪亮的日子

壹
与徐志摩｜在所有物是人非的景色里，我只喜欢你

柔情蜜意的康桥岁月

1921 年，16 岁的少女林徽因挣开烦琐的家务，逃离母亲的阴霾情绪，跟随去欧洲考察的父亲踏上开往伦敦的大船。

来到伦敦的林徽因，被家族琐事压制的个性得到解放，一个全新的陌生世界展现在她的面前，她凭借在北京培华中学时期学习的良好的英语，很快成为父亲在伦敦的翻译，并成为父亲居所里聪慧、活泼、善辩的小女主人。

但对于平时的林徽因而言，她又是寂寞孤独的。

20 世纪 20 年代的英国，单身的女孩必须要有人陪同才能出门，所以在林父外出工作的时间里，林徽因都是独自一人待在一所大得可以听到回音的寓所里。在一些寂寞的日子里，在闷得可以拧出水的伦敦，林徽因坐在壁炉前，读着维多利亚时代的小说打发时间。她读丁尼生、拜伦、雪莱、霍普金斯、勃朗宁的诗，读萧伯纳的剧本。那些浪漫的故事和诗句从微微泛黄的纸张中飞出来，飞进了 16 岁少女的心里，在她心里荡起了翩翩涟漪。回忆起那段时光，她写道：

我独自坐在一间顶大的书房里看雨，那是英国的不断的雨。

我爸爸到瑞士国联开会去，我能在楼上嗅到顶下层楼下厨房里炸牛腰子同洋咸肉。到晚上又是在顶大的饭厅里（点着一盏顶暗的灯）独自坐着（垂着两条不着地的腿同刚刚垂肩的发辫），一个人吃饭，一面咬着手指头哭——闷到实在不能不哭！

理想的我老希望着生活有点浪漫的事发生，或是有个人叩下门走进来，坐在我对面同我谈话，或是同我同坐在楼上炉边给我讲故事，最要紧的还是有个人要来爱我。

而就在同一年，在美国留学的徐志摩，也厌倦了当时美国社会的风气，提前结束了哥伦比亚大学的学业，追寻着他热爱的英国哲学家罗素，漂洋过海到了伦敦。

他们就在此时相遇——不早，不晚。

因激情的冲动来到英国的徐志摩，本想去康桥[①]大学追随罗素，当罗素的学生。到了英国才发现，罗素根本不在康桥，也不在英国，他因在战时主张和平而被康桥大学除名。徐志摩在伦敦结识了林徽因的父亲林长民，天性浪漫的两个人一见如故。徐志摩在林长民的朋友——作家狄更生的帮助下，做了康桥大学皇家学院的旁听生，后来狄更生与徐志摩也成为好友，很多年后，狄更生都还戴着徐志摩送他的一顶中国帽子。

林长民常常邀请徐志摩去他的寓所做客，他的寓所也是一个文化沙龙，那里常常聚集很多在英国留学的年轻人和文化艺术界的人士，他们一起谈论国家事和文学艺术，碰撞时下新潮的观点。

① 康桥，今通译“剑桥”，是英格兰的一个城市，是英国著名的剑桥（康桥）大学所在地。

第一次见到徐志摩时，梳着两只小辫的林徽因，差点把徐志摩叫作叔叔。起初，徐志摩并未过多关注这个小他 7 岁的女孩，随着聊天次数的增多，这个面容清秀、举止大方的女孩对英国文学的侃侃而谈吸引了他。她喜欢文学、诗歌，喜欢读拜伦、雪莱的作品。他惊讶于这个美丽少女的聪慧和对英国文学的独到见解，这丝毫不像是一个 16 岁少女的见识。她与他所见过的女孩都不一样，她在他心里突然闪起光来。在那一瞬间，在他情感生活黯淡的天空里，冉冉升起一颗闪烁着微弱光芒的星，像是蓄谋已久的灵光，像是不期而遇的久别重逢。而随着时间的推移，这颗星越来越明亮，越来越璀璨。那时，天真浪漫、情感炙热的徐志摩，虽已依父母之命在中国结了婚，但他一直对这场婚姻感到痛苦，而这也并没有能阻碍他在茫茫的人海中继续寻觅他的灵魂伴侣。

这次与林徽因的相遇，让徐志摩心中私藏了多年的情感，突然之间全部找到了出口——他去林府的频率多了起来。

人生犹如一出戏剧，当他们各自踏上开往伦敦的大船的时候，命运正牵着他们的手把两个毫不相关的人推向离彼此更近的地方。就这样，热情的、精神上得到了西方思想熏陶的徐志摩，像一团热烈的火烧云出现在情窦初开的少女的天空里。与林徽因的恋情也让他一扫初来英国时的不顺畅，并从此认了这个充满文艺气息的英国才是他的国。

那是第一次有男子以爱情的姿态走近林徽因，关于她热爱的诗歌、文学，这个满腹才华的男子都能与她一一谈来。在接下来的日子里，他寻找各种可以见到她的机会，在她伦敦的寓所里，在她父亲举办的文艺活动上，在一切她出现的地方。他带她去他读书的康桥大学，他们一起踏遍了康桥的角落，一起用英文朗诵诗人们最经典的句子，康河的柔波里，泛着他们的柔情，夕阳的柳树下，影斜着他们的蜜意。他迷恋着她，即便他偶尔回伦敦郊区沙士顿的住所短住几日，也要与住在伦敦的林徽因互通书信倾诉衷肠。伦敦到沙士顿的邮件每天可以往返一个来回，于是，每天一大早，他就急吼吼地出门，去家对面的杂货店等着收寄邮件。

很多时候，我们爱一个人，是因为那个人身上有你想要的理想生活。就如一个喜欢艺术的女孩，会爱上艺术家，一个喜欢读书的女孩，会爱上作家那样。对于徐志摩来说，林徽因就是他未来的“理想生活”，也是他一直想要追寻的灵魂伴侣。除了林徽因的气质、外形、素养吸引了他，她那自由自在、无拘无束的个性，也打动着处于父母安排的婚姻中的徐志摩。他最想要的爱情，就是同一个新派、灵魂自由的女子恋爱，他心中似火的热情需要林徽因这样的女子来承接。

他对林徽因产生了爱情的那一刻，用他在多年以后写的诗句，可精准表达他当时心境：

那一天我初次望到你，
你闪亮得如同一颗星，
我只是人丛中的一点，
一撮沙土，但一望到你，

我就感到异样的震动，
猛袭到我生命的全部，
真象是风中的一朵花，
我内心摇晃得象昏晕，
脸上感到一阵的火烧，
我觉得幸福，一道神异的
光亮在我的眼前扫过，
我又觉得悲哀，我想哭，
纷乱占据了我的灵府。
但我当时一点不明白，
不知这就是陷入了爱！

悄悄是别离的笙箫

我是天空里的一片云，
偶尔投影在你的波心——
你不必讶异，
更无须欢喜——
在转瞬间消灭了踪影。
你我相逢在黑夜的海上，
你有你的，我有我的，方向；
你记得也好，
最好你忘掉，

在这交会时互放的光亮！

——徐志摩《偶然》

这是徐志摩写给林徽因的其中一首诗，初次读到这首诗的时候，我大概 17 岁，前面两句就轻而易举令我心动。然而，再往后读，感伤的情绪便一点点涌现出来，诗中一见倾心而又理智地各奔东西的结果令人唏嘘，也心有不甘。他后来写的《再别康桥》《你去》也全部都是笼罩在此种氛围里。离别是有气息的，在两个人相遇的时候就恣意地散发了出来。

或许有一种女人，当你看到她第一眼的时候，就已经失恋了。

人们总喜欢童话中那种一见钟情后，王子公主便幸福地生活在一起的浪漫爱情故事。可这茫茫世间又有几个人，几段情，能有这种“择一城终老，遇一人白首”的幸运？

林徽因虽也同样爱慕徐志摩的才华，也喜欢与这个充满魅力的男人谈论文学、人生的方方面面，可是内心深处，她又一直深深地矛盾着。当然，最大的原因是当时的徐志摩早已结婚，并且已是一个 2 岁男孩的父亲。

他给她的爱情，让她在甜蜜中感到惶惑。毫无疑问，在爱情里的林徽因，并没有失去理智，即便面对性格炽烈的徐志摩，她也理性得不像是一个 16 岁的女孩。在建筑方面，她是眼光超前的女子，敢于创新和颠覆传统的认知；在生活方面，她也勇于承担生活突如其来的变故和压力；唯独在爱情上，她趋于保守和自保，不愿意在爱情里冒险。

在与徐志摩相处的这段时光里，林徽因既初试了爱情的甜蜜，也尝到了爱情的矛盾和苦恼，如果继续纠缠下去，必定要自饮一杯苦酒。

而那时的徐志摩已在暗中与张幼仪协商离婚，并全然不顾张幼仪怀了他的第二个孩子，誓要挣脱封建的旧婚姻，以一个全新的面貌投入到一场自由的恋爱中。早先在沙士顿，徐志摩每天都以去杂货店旁边的理发店理发为由收寄书信时，张幼仪就知道丈夫有了女朋友——再傻的女人也能看出一些端倪，什么样的人需要天天理发呢？但她当时不知道丈夫的女朋友是谁。那时，离婚对女人来说是件天大的事，当徐志摩提出离婚时，张幼仪迟迟未答应，跟他说要询问父母意见，但着急的徐志摩想要让她马上签字，竟然脱口说出了："林徽因马上要回国了，我非现在离不可。"张幼仪才恍然大悟。

随后，徐志摩陪张幼仪去德国看望她四哥，临行前，林长民和林徽因去火车站送行，张幼仪第一次见到了林徽因，很多年后，她评价自己丈夫的女朋友——是一个"思想复杂、长相漂亮、双脚完全自由的女士"。林徽因也见到了张幼仪，她被那双充满"哀怨、绝望、祈求和嫉意"的眼睛震撼了。

大概受到其父母糟糕的关系影响，林徽因想到自己的母亲，一个一生都因为另一个女人的存在而不快乐的女性。或许也因此，她不想把徐志摩的夫人张幼仪也置于这般境地。在车站见过张幼仪之后，矛盾又痛苦的林徽因选择结束这段感情。

她在给徐志摩的"分手信"中这样写道：

上次您和幼仪去德国，我、爸爸、西滢兄在送别你们时，火车启动的那一瞬间，您和幼仪把头伸出窗外，在您的面孔旁边，她张着一双哀怨、绝望、祈求和嫉意的眼睛定定地望着我。我颤抖了。那目光直透我心灵的底蕴，那里藏着我的知晓的秘密，她全看见了。

1921 年秋天，在伦敦待了一年之后，林徽因同父亲乘坐邮轮，从伦敦出发经过苏伊士运河，再经过茫茫的印度洋，辗转回到了北平。她把她的康桥故事留在大洋那边，独自上岸了。她甚至没有跟他见最后一面，只留了一封信给他，她写道：“我降下了帆，拒绝大海的诱惑，逃避那浪涛的拍打。”以此来向他表达她的矛盾和痛苦。“爱情”是个迷人的字眼，在这个世上，甘愿为了爱情而冒险的女人数不胜数，总有个人会让你抛却清高与矜持，投身轰轰烈烈的爱情。但林徽因不是纯粹的爱情动物，理智的她知道，关闭掉一些情感，会过得容易一些。在她生命中，有比爱情更有意义的事情。

然而，真的要彻底决裂吗？那也是她不舍的，她其实也不舍得把连接他们的线全部斩断。她在信中说，把他们的未来交给“拿着纺线的那三个老婆子（命运女神）”，便逃走了，如仓皇的灰姑娘落下了她的水晶鞋。

当徐志摩从柏林回到伦敦，满怀思念地想要第一时间见到林徽因，但他看到的只有林府空荡的寓所，陪伴他的只有他自己的影子和一首没有来得及送出去的情诗——《我有一个恋爱》：

我有一个恋爱；——
我爱天上的明星；
我爱它们的晶莹：
人间没有这异样的神明。
在冷峭的暮冬的黄昏，
在寂寞的灰色的清晨，
在海上，在风雨后的山顶——
永远有一颗，万颗的明星！
山涧边小草花的知心，
高楼上小孩童的欢欣，
旅行人的灯亮与南针，——
万万里外闪烁的精灵！
我有一个破碎的魂灵，
像一堆破碎的水晶，
散布在荒野的枯草里——
饱啜你一瞬瞬的殷勤。
人生的冰激与柔情，
我也曾尝味，我也曾容忍；
有时阶砌下蟋蟀的秋吟，
引起我心伤，逼迫我泪零。
我袒露我的坦白的胸襟，
献爱与一天的明星：
任凭人生是幻是真，
地球存在或是消泯——

太空中永远有不昧的明星！

在此后很多年，已成为著名诗人的徐志摩回忆起那段康桥岁月，写道："我在康桥的日子可真是享福，深怕这辈子再也得不到那样蜜甜的机会了。"康桥的生活，深深地烙在徐志摩的作品和人生中。在他成为著名诗人之后，人们提及徐志摩，便会立刻想到康桥。这一切都与林徽因有着莫大的关系。关于这段康桥故事，徐志摩写了厚厚的几本日记。可惜，都未见曝光，或遗失，或被当事人当作秘密隐藏了起来。

有时候，你爱一座城，仅仅是因为这座城里住着，或者曾经住过你爱的人，很多年后，当你提及这座城市的时候，甚至不记得这座城里的风景，浮于心头的全部是他 / 她的样子。

八年后，他再次回到康桥，故地重游，康桥风景依旧，康桥的水，康桥的夕阳，康桥的柳树，康桥的虫鸣，这一切都在，唯独她已不在。在归国的邮轮上，他写下了那首著名的《再别康桥》：

轻轻的我走了，
正如我轻轻的来；
我轻轻的招手，
作别西天的云彩。

那河畔的金柳，
是夕阳中的新娘；
波光里的艳影，

在我的心头荡漾。

软泥上的青荇，
油油的在水底招摇；
在康河的柔波里，
我甘心做一条水草！

那榆荫下的一潭，
不是清泉，
是天上虹；
揉碎在浮藻间，
沉淀着彩虹似的梦。

寻梦？撑一支长篙，
向青草更青处漫溯；
满载一船星辉，
在星辉斑斓里放歌。

但我不能放歌，
悄悄是别离的笙箫；
夏虫也为我沉默，
沉默是今晚的康桥！

悄悄的我走了，

正如我悄悄的来；
我挥一挥衣袖，
不带走一片云彩。

在夕阳的余光里，他一个人沉默着告别。

现在，康桥大学的国王学院，在康河之滨的草地上，有一块为徐志摩立的白色大理石诗碑，上面刻着这首诗的前后两句："轻轻的我走了 / 正如我轻轻的来"和"我挥一挥衣袖 / 不带走一片云彩"。康桥大学里的一棵柳树，也因是诗歌中提到的"那河畔的金柳"，而被加以保护，不准任何人移走。

北平时光

林徽因的不告而别，让徐志摩无比痛苦，但这却并未浇灭他心里的爱情火焰。分手中最让人痛苦的部分，是从前关系亲密的两个人，分开之后，可能永远都不会再见面了。有的人，在爱情里，被拒绝了，就会与对方决裂，从此相忘于江湖，像两滴无关紧要的水滴，落入茫茫大海，从此谁也认不出谁；而有的人，则会继续出现在对方的生命里，让对方知道我还一直在关注着你，徐志摩便是后者。

在林徽因回国后的第二年，徐志摩完成在英国的学业后也立刻回国，并与张幼仪办理了离婚手续，他想继续追求林徽因。可是，很多东西我们都可以通过努力来获得，唯独爱情，即便你努力也不一定能得到。那时林徽因与梁思成已经在父辈的撮合下订立婚约，对于林徽因来说，这是一段安全的、被祝福的感情。得知这一消息的徐志摩，无法掩饰他的失意和痛苦，那段时间，他写下许多痛苦的诗歌：

我倚暖了石栏的青苔，青苔凉透了我的心坎。

——《月下待杜鹃不来》

我梦见你……呵，你那憔悴的神情！——手捧着鲜花腼腆的做新人；我恼恨，我恨你的负心，我又不忍，不忍你的疲损。

——《噩梦》

但因着徐志摩是林长民的忘年好友，林长民与梁启超是至交，徐志摩又是梁启超最挚爱的学生，所以徐志摩与林徽因仍然有很多见面机会，回到北平的徐志摩仍找各种机会与林徽因相处。他知道梁林二人常常在梁启超任馆长的松坡图书馆约会，他便在松坡图书馆谋了个英文秘书的职位，并且住在馆内，时常借机去找林徽因，逼得梁思成不得不在门上贴上“Lovers want to be left alone（情侣不愿受干扰）”的字条，将其拒之门外。

对于对爱情这件事孜孜不倦的徐志摩来说，你只要还在就好，我歌颂，你偶尔回应，你不要消失就好了。如《小王子》里面所写：“星星发亮是为了让每一个人都找到属于自己的那颗星。”徐志摩因为林徽因开始写诗，也希望她如天空中的星星一样，一直存在着，让他能够在茫茫人海中找到自我。但林徽因的心已经在踏上回国邮轮的那一刻收了回来，她对他，已心如止水，只余朋友的情谊了。徐志摩比林徽因大7岁，但在爱情里面，徐志摩却更像个小孩子。

1923 年，徐志摩与胡适、闻一多、梁实秋等人在北平成立了新月社，常常邀请热衷于各种文艺形式的林徽因参加新月社举办的活动。20 世纪 20—30 年代，徐志摩与林徽因的名字常常一起出现在各种文化场合。

这一年，著名的小提琴演奏家弗里茨·克莱斯勒[①]（Fritz Kreisler）来到中国，在北京、上海开演奏会。当时的中国人对西洋音乐还很陌生，克莱斯勒在中国也仅仅是为生活在中国的西方人演奏。热爱西洋乐的徐志摩，亲自登门请他再专门为中国人演奏一场，克莱斯勒被打动，答应在北京真光剧场加演一场。徐志摩便请林徽因担任这场演奏会的主持人，在音乐会开始演奏之前，向听众讲解聆听西方音乐会的行为规范和注意事项，以及音乐与文化之间的关系。这场一个小时的小提琴演奏，成为轰动京城的一件大型文艺事件。台下坐满了京城的知名人士，如梁启超、林长民、冯耿光、王家襄、王敬芳、曾牗、卓定谋、张嘉璈、章士钊、谈荔孖、邓君翔、钱永铭、张嘉森等，当时的中华民国总统黎元洪夫妇也出席了演奏会。在演出之前，《晨报》第六版就发表预告《世界的大音乐家喀拉司拉 中国人领略真正音乐之机会》；演出后，《晨报》第六版又以《满场心醉喀拉司拉之妙技 听众如潮全场无立锥余地》为题作了详细报道：

---

① 弗里茨·克莱斯勒，民国时期译为喀拉司拉。美籍奥地利小提琴家、作曲家。1875 年 2 月 2 日生于维也纳。童年时代便显示出音乐天才，早期受到良好的音乐教育，曾在维也纳音乐学院、巴黎音乐学院学习。1896 年真正开始音乐生涯，逐渐扬名于维也纳、柏林。1901 年在伦敦作初次演出，1904 年伦敦爱乐协会授予贝多芬金质奖。后参加过一次大战。1938 年入法国籍，1943 年又加入了美国籍。20 世纪初多次在世界各地作旅行演奏。1962 年 1 月 29 日逝世于纽约。

五时十分喀拉司拉及其夫人莅临……当由梁启超、林长民、徐志摩、林徽音女士等导其入台后休息室。少顷林徽音女士复导其登台，全场鼓掌雷动，良久始止。由林女士报告聘请喀氏演奏之旨趣，及说明音乐与文化之关系。介绍毕喀氏复向听众道谢由德人某翻译。五时二十分开演，琴声一响，万籁俱寂。

这是徐志摩回国后，第一次与林徽因共同出现在媒体上。

第二年，梁启超和林长民创办的讲学社[①]邀请诺贝尔文学奖获得者泰戈尔访华，身为梁启超弟子的徐志摩又邀请林徽因同他一起担任泰戈尔在中国的随行翻译。期间，适逢泰戈尔64岁生日，新月社的成员在北京东单三条协和小礼堂里，用英语演出了泰戈尔的戏剧《齐德拉》为其祝寿，林徽因饰齐德拉公主，徐志摩饰爱神玛达那。舞台上，爱神玛达那对着齐德拉公主说出剧中对白：

哎，你那一夜多么空虚！快乐的小船已经在望，但是波浪不让它挨近岸边。

这苦闷无奈的台词分明就是徐志摩说给自己的。

到了月底，泰戈尔要离开北平去太原，徐志摩陪同前去。离别时，北平文学圈的名流都去火车站送行，林徽因也在其中。在

① 梁启超有感于思想文化界的混乱和肤浅而赴欧考察。1920年初归来后，梁启超创办了讲学社，邀请外国著名学者来华讲学，史称四大名哲的杜威、罗素、杜里舒和泰戈尔先后来华，轰动一时，对中外思想文化交流和五四新文化运动产生了巨大影响。

与林徽因相伴的这几日，他得知，不久之后，她就要同梁思成一起去美国读书。这将又是一次长久的离别，已经上了火车的徐志摩突然掏出纸和笔，他想写封信给她：

我不知道我要说的是什么话，我已经好几次提起笔来想写，但是每次总是写不成篇。这两日我的头脑总是昏沉沉的，睁着眼闭着眼都只见大前晚模糊的凄凉的月色，照着我们不愿意的车辆，迟迟地向荒野里退缩。离别！怎么的能让人相信？我想着了就要发疯，这么多的丝，谁能割得断？我的眼前又黑了……

他一边写，一边流下眼泪。火车慢慢开动了，他还没有写完。站台上的胡适看到徐志摩流泪了，并站起来想要跳下火车把信给林徽因，他喊了一声，“志摩流泪了”。坐在他身边的思厚之（泰戈尔的秘书）见他情绪太激动，就一把将信抢过来替他藏了起来。这封信，终于还是没有交出去。

那些天的相伴，泰戈尔也看到了这两个人之间未尽的情愫和徐志摩无望的爱情，他为他们写下了诗：

天空的蔚蓝/爱上了大地的碧绿/他们之间的微风叹了声唉。

你松开手，我便落入茫茫宇宙

最终，林徽因还是选择了梁思成，并在1924年6月，与梁思成结伴去了美国留学。梁思成与林徽因，一个沉默内敛，一个开朗活泼，性格差异很大的两个人，免不了吵架。远离家人与故土的林徽因，苦闷之余，发电报给徐志摩，说其美国生活的苦闷，希望能收到徐志摩的信。徐大喜，赶紧回电报，而电报局多嘴的员工却告诉他，今日已有4位男士为林小姐发电报了。想必，正同梁思成生着气的林徽因的电报是群发给她在北平的朋友的，这是一直都很理性的林徽因做的少数“任性”的事情。这件事又将徐志摩藏于内心的苦恼引发了出来，他将这件事写成了诗：

啊，果然有今天，就不算如愿，
她这“我求你”也就够可怜！
“我求你”，她信上说，“我的朋友，
给我一个快电，单说你平安，
多少也叫我心宽。”叫她心宽！
扯来她忘不了的还是我——我，
虽则她的傲气从不肯认服；
害得我多苦，这几年叫痛苦
带住了我，像磨面似的尽磨！
还不快发电去，傻子，说太显——
或许不便，但也不妨占一点
颜色，叫她明白我不曾改变，
咳何止，这炉火更旺似从前！
我已经靠在发电处的窗前；
震震的手写来震震的情电，

递给收电的那位先生，问这
该多少钱，但他看了看电文，
又看我一眼，迟疑的说：“先生，
您没重打吧？方才半点钟前，
有一位年青先生也来发电，
那地址，那人名，全跟这一样，
还有那电文，我记得对，我想，
也是这……先生，你明白，反正
意思相像，就这签名不一样！”——
“吓！是吗？噢，可不是，我真是昏！
发了又重发；拿回吧！劳驾，先生。”

——徐志摩《拿回吧，劳驾，先生》

徐志摩张扬的个性和历来的情史都为他引来薄情的骂名，但他对林徽因，却是从一而终的。一直以来，他对林徽因的感情都是在爱慕、恼火、既怨恨不得又离不开的复杂情绪中度过。大概也正是因为如此，才能使他一直对她念念不忘，追随左右，在分手多年后，仍然对她“这炉火更旺似从前”！在林徽因去美国之后，他曾经绝望地写下了“谈什么已往，骷髅的磷光”。他想立此为据，断绝了这场苦恋。然而林一招手，他马上就又会出现。

她是一杯茶，他不舍得像烈酒一样一饮而尽。

30年代，林徽因同梁思成学成回国。回国前，在加拿大举办了婚礼。回国后，两人一起在沈阳的东北大学任教。经历了留学、家庭巨变的林徽因，又逢当时东北时局动乱和寒冷的气候，少女时期所患肺病开始反复发作。徐志摩和他们共同认识的朋友极力劝说梁思成，让她回气候相对来说更好一些的北京养病，这里面当然也夹杂着他的些许私心。

1931年，林徽因在北京西山养病期间，徐志摩从上海来到北平，住进在香山的甘露旅馆。

秋天是北京最美丽的季节。

这一年的秋天，徐志摩每天吃了早饭，便会上山去看林徽因。他像小孩子一样，坐在她的床前，跟她说起他幼年在中国浙江的小镇度过的欢乐的童年时光，那时的他被家里的仆人称为少爷，他上学时顽劣，却常常得“优”；说起他在美国克莱克大学读经济学时，喜欢他的教授写信给另一位教授夸赞他的事情……隔了这些年的时光，他心里的苦，已随着时间慢慢沉淀，不再被往事惊扰，浮于心头的都是往昔甜蜜的时光。他希望她过得好，他为她读诗，希望能缓解她精神上的痛苦。他们谈他们共同热爱的文学、诗歌，也谈陆小曼。那是一段在“康桥之恋”后，他们在一起度过的最美好、最平和的时光，那时的徐志摩，早已同张幼仪离婚，又娶了陆小曼，而林徽因已与梁思成生下两个孩子。他和林徽因认识已经11年了，他们之间已然没有了当年恋爱的苦涩与矛盾，他可以心平气和地夸赞她和梁思成生的孩子“可爱得很，眼珠是林家的，脸盘是梁家的”。

他在她养病期间为她写下了这首《你去》：

你去，我也走，我们在此分手；
你上哪一条大路，你放心走，
你看那街灯一直亮到天边，
你只消跟从这光明的直线！
你先走，我站在此地望着你，
放轻些脚步，别教灰土扬起，
我要认清你的远去的身影，
直到距离使我认你不分明，
再不然我就叫响你的名字，
不断的提醒你有我在这里
为消解荒街与深晚的荒凉，
目送你归去……
不，我自有主张，
你不必为我忧虑；你走大路，
我进这条小巷，你看那棵树，
高抵着天，我走到那边转弯，
再过去是一片荒野的凌乱：
有深潭，有浅洼，半亮着止水，
在夜芒中像是纷披的眼泪；
有石块，有钩刺胫踝的蔓草，
在期待过路人疏神时绊倒！
但你不必焦心，我有的是胆，
凶险的途程不能使我心寒。
等你走远了，我就大步向前，

这荒野有的是夜露的清鲜；
也不愁愁云深裹，但须风动，
云海里便波涌星斗的流汞；
更何况永远照彻我的心底；
有那颗不夜的明珠，我爱你！

这是他写给她的最后一首诗，他的诗歌如同他一直所追寻的爱情，甜蜜与哀伤，各占一半。他对她的百般情感、千样柔情，全部揉进这首诗中，其中“你去，我也走，我们在此分手”以及结尾的“我爱你”像是对这些年感情的一种告别和总结，就像他已经知道自己接下来要面对何种命运。自他在伦敦第一次见到这个聪明伶俐、白衣黑裙、五官精致、文艺气质十足的女孩后，一生的目光都没有离开过她，无论是她明亮光洁的少女时期，还是风华正茂的黄金时期，也不管她的容颜是不是已被疾病和颠沛流离的生活折磨得失去往日风采，也不管她身边是不是还有别人。

这年的冬天，徐志摩搭乘从上海到北平的飞机，参加林徽因在北平协和小礼堂为外国使者举办的《中国建筑艺术》演讲会，林徽因派人去南苑机场接他，却没有见到他的身影。

演讲开始的时间已过，他没有到，时间过去了一个小时，他依然没有到。

林徽因开始觉得不安，但演讲照常进行，在演讲的最后，她朗诵了他写的一首反映宗教情感与宗教建筑的诗——《常州天宁寺闻礼忏声》，作为整场演讲的结束。

在天地的尽头，在金漆的殿椽间，在佛像的眉宇间，在我的衣袖里，在耳鬓边，在感官里，在心灵里，在梦里……

当她读他的诗的时候，在场所有人都看到她嘴角突然微微颤抖，眼眶里充满了泪水。

不一会儿，便传来徐志摩乘坐的飞机在济南上空坠毁的消息。

志摩亡。

林徽因重重地坐到礼堂的椅子上，晕了过去。

你是我心底未完的诗

林徽因之于徐志摩更像一个理想，或者是一团捉摸不定的光。她是他的缪斯女神，他要追随她，在她身上得到灵感。

徐志摩在认识林徽因之前，对诗歌并无兴趣。最初，他去美国留学，像当时许多家境良好、有条件出洋的年轻人一样，要去美国学习西方的社会学、经济学。那时，他的偶像是创建了美国第一银行的亚历山大·汉密尔顿。他的志向是要当中国的“汉密尔顿”，他还给自己取了“Hamilton”这个英文名。是同林徽因的爱情，将埋在身体深处那个热情、诗意的他激发了出来，他转而喜欢上拜伦、雪莱，爱上了诗歌。徐志摩在《猛虎集序》（1931年）中有提到，他在24岁以前，与诗“完全没有相干”，与林徽因的相遇，才激发了他的创作新诗的灵感。

我一直觉得一对彼此炽烈地深深爱过的男女，分手后是很难坦然做朋友的。我觉得他们之间的感情更多是建立在彼此欣赏的层面上，维系他们的是对诗歌、文学的共同认知，林徽因写给徐志摩的分手信中，最后一句也不忘鼓励徐志摩“希望您尽早用智慧的光芒照亮那灰暗的文坛”。他们在文学上，是彼此的伯乐，她在他没有成为著名诗人之前，便看到了他身上隐藏的亮光。她后来也受他的影响写下很多文学作品，有一部分是发表在他主编的杂志上，每次读到，他都如获珍宝一般，大加赞赏。

在最初，徐志摩遇见林徽因的那些年，活泼、美好的林徽因是徐志摩的缪斯。徐志摩与陆小曼，虽有爱情，却是彼此消耗；与林徽因，却是彼此促进的，好像任何人到了林徽因那里，都颓不了。

待林徽因 27 岁开始大量创作诗歌、小说等文学作品时，徐志摩在林徽因少女时期对她的诸多影响渗透进她的人生中，徐志摩也成为林徽因的缪斯。作为第一个闯入林徽因感情生命中的男人，他浪漫又炽烈的性格与少女时期的林徽因产生了诸多能量交换。虽然两人并未成为世俗中的爱人，却是彼此生命中最重要的人之一。

林徽因对徐志摩的感情也很复杂，徐志摩为林徽因写了很多流传甚广的诗歌，有很多诗歌，虽然也未标明送给林徽因，但都有着挥之不去的林徽因的影子。而林徽因为徐志摩公开写的文字，都是分手信、分手诗和悼文。爱情里有公平么？从来都没有。他出现在她人生最辉煌的时期，整整 11 年。她成年后，他戛然而止的传奇人生迅速深刻地烙在了林徽因的心上，让她在以后的人生中，总是不断地想起他的种种。

徐志摩做的一些痴痴傻傻的事情，在他去世之后，也如清晨的苔藓般在林徽因的心中生冒了出来，徐志摩的同学温源宁（也是林徽因的表妹婿）曾对林徽因讲过一件徐志摩的痴傻事：他们在康桥读书时，有一天，外面突然下起了倾盆大雨，正在读书的温源宁忽然见到被雨淋湿的徐志摩闯进了教室，并拉起他就向外跑。温源宁问他："下这么大的雨，你要去做什么？"徐志摩睁大了眼睛，孩子似的高兴地说等着"看雨后的虹去"。

在很多年后，林徽因把这段故事写进了小说《钟绿》：

"因为前年有一次大雨，"他也走到窗边，坐下来望着窗外，"比今天这雨大多了，"他自言自语地眯上眼睛。"天黑得可怕，许多人全在楼上画图，只有我和勃森站在楼下前门口檐底下抽烟。街上一个人没有，树让雨打得像囚犯一样，低头摇曳。一种说不出来的黯淡和寂寞笼罩着整条没生意的街道，和街道旁边不做声的一切。忽然间，我听到背后门环响，门开了，一个人由我身边溜过，一直下了台阶冲入大雨中走去！……那是钟绿……

钟绿那种浪漫、干脆利落、与众不同的生活态度与徐志摩如出一辙。

徐志摩去世后，林徽因身边的朋友虽多，但是都不能取代徐志摩在她心中的位置。后来，美国人费慰梅进入林徽因的生活，成了她的密友。费慰梅是如何成为女性朋友很少的林徽因的好友的？除了她的西式思想和生活做派与林徽因相近，精神上比较匹配，也聊得来，还有一个重要原因——她们相识于徐志摩去世后不久。费慰梅在《梁思成和林徽因——一对探索中国建筑史的伴侣》中回忆道：

我常常暗想，她为什么在生活的这一时刻如此热情地接纳了我这个朋友？这可能同她失去了那不可替代的挚友徐志摩有点关系。在前此十年中，徐志摩在引导她认识英国文学和英语的精妙方面，曾对她有过很深的影响。我不知道我们彼此间滔滔不绝的英语交谈是不是曾多少弥补过一些她生活中的这一空缺。

徐志摩曾经说过：爱是甘草，这苦的世界有了它就好上口了。然而，他穷尽一生，也没有抱得最爱的女人，也没有得到他最想要的那种爱情。

我觉得两个人的相遇，是两颗星宿恰好运转到了一个最好的咬合角度。而宇宙还在不停地运行，在某个疏忽的关口，某个咬合的齿轮松开了，角度业已发生改变，再度重新咬合就很困难了。于是他们越走越远，直到永不相见……

——你松开手，我便落入茫茫宇宙。

贰
与梁思成｜世间始终你好

有时甜蜜有时伤

梁思成第一次见林徽因，是奉父亲梁启超之命前往林府拜访，他明白这是父亲的有意撮合，他那时的心情大概与现在任何一个被安排相亲的青年并无太多差别。那是1919年的中国，那时大部分的中国女孩子都梳一条长长的乌黑油亮的粗辫子，着白色上衣、黑色长裤，多少都会有些旧时大家族的略显虚伪的矜持气息。这件事对于从小在日本长大的梁思成来说并无太多期待。

但当他从北京的南长街来到雪池胡里的林府时，看到的却是一个“小清新”：“一个亭亭玉立却仍带稚气的小姑娘，梳两条小辫，双眸清亮有神采，五官精致有雕琢之美，左颊有笑靥；浅色半袖短衫罩在长仅及膝下的黑色绸裙上。”少年的心里便立刻充满了好感。当他们聊完天，林徽因转身出门时，她的身影便如同一颗蒲公英的种子飘进了梁思成的心里，成了“飘逸如一个小仙子”一样的存在。

当时的梁思成18岁，自小跟着日本的用人、老师修习礼仪，随父亲学习中国传统学问。回到北京后，他又入了清华学堂，学习英文、科学、艺术、音乐与体育，良好的家教和学养让他成长为一个谦和有礼的翩翩少年。

当时的林徽因15岁，那时的她已出落得亭亭玉立，她和她三个漂亮的表姐王孟瑜、王次亮、曾语儿是当时北京城的一道清新风景。她们常常穿着同款的衣服一同出门去上学，去中山公园游玩，这样的姐妹组合走在大街上的时候，常常引起路人的围观，甚至被偷拍，像极了现在的明星出街。

20世纪初，相机胶片还很值钱，拍一张胶片成本很大，肯浪费在路遇的陌生中国女孩身上，说明这些女孩们充满了吸引力。那时候，她们出门都要带上高大的堂弟林宣，必要时候帮她们解围。从林徽因留下的照片来看，她并不是倾国倾城、美艳娇嗔的女孩，她像一朵气质清新的山茶花，独立、明亮，吸引着靠近她的人。

两人再次相见，已是一年多以后，林徽因随父亲游历完欧洲，回到北京。过去的这一年，林徽因的情感和内心都经历了很大的变化。她在伦敦与徐志摩经历了一场纠结的感情。也是这场无望的爱情，让林徽因提早离开了让她无比纠结的伦敦，退回到熟悉的北平继续生活。

回到北平之后的林徽因，与梁思成的互动多了起来。那时，在清华学堂上学的梁思成，不但学业优秀，而且兴趣广泛。他爱好美术和音乐，经常为校刊画插图，并被聘为美术编辑；他参加学校的合唱队、军乐队，担任过乐队队长和第一小号手；他还爱好体育，喜欢踢足球，在学校运动会上，他还获得过撑杆跳第一名，并打算在学业结束后就去美国留学。

梁思成当时有一台全北京唯一的哈雷摩托。那是在他生日的时候，姐姐梁思顺从菲律宾托运回北京，送给他的生日礼物。关于哈雷的地位，电影《低俗小说》中有这么一个桥段：打算跑路的布奇骑着一台哈雷去找他的小女朋友，女孩疑惑地问他："你怎么骑了辆摩托车来了？"连"为什么要跑路"都来不及解释的布奇却停下来认真地纠正她说："这不是摩托车，这是哈雷。"那时的北平，自行车都很少见，更何况如此拉风的哈雷。

梁思成常常骑着它去林家找林徽因玩。有次，林家吃炒面，做得太多，林徽因就让梁思成去接弟弟梁思永过来一起吃。那天刚好有民众在长安街游行，抗议日本从德国手中接管山东省一周年。梁思成载着梁思永经过正在游行的学生队伍时，与总统府的高官金永炎的汽车相撞了——金不但没有下车查看伤情，反而让司机开车迅速逃离了现场——梁思成被车身重重地压住，流了很多血，因为抢救不够及时，当家人赶到出事地点时，他已经不省人事了。

这场车祸差点要了梁思成的命，让他在短短一个月内，做了5次手术，才算保住了性命，但他后半生却不得不一直穿着一件特制的铁衣来支撑身体和矫正脊椎。并且，因为手术，梁思成的左腿略短于右腿。

在梁思成住院的日子里，林徽因除了要去学校上课，每天都会去医院陪他说话，为他擦拭身体，为他读书。也就是从那时起，两人从朋友关系逐渐发展成为恋人。当时，北京很多有名望的人在追求林徽因，包括一些即将外派到国外的公使，最终林徽因选了梁思成，大家都笑梁思成是用了"苦肉计"。

菲茨杰拉德说："爱情这东西，既不决定于你或者对方的自身条件，也并不取决于双方天性匹配，爱情的关键在于时间，在于时机，你何时靠近她的身边，何时走进她的心里，何时满足对方对于爱情的需要，太早或者太晚了都不行。说到底，爱情，就是轮盘赌。”

在伦敦生活期间，喜欢画画的林徽因常常帮房东——一名女建筑师描绘建筑画，她很快对这件事情着了迷，并立下志愿，以后也要成为一名建筑师，甚至为此一度不想回国，以至她的父亲后来答应她，一定会再将她送出国学习建筑。

当她第一次跟梁思成说想当建筑师的时候，梁大感意外，他从未想过柔弱的女孩子要学盖房子。那时中国还未有建筑学一说，大多数的人提到建筑都会想到盖房子。“建筑？”他反问道，“你是说 house（房子）？还是 building（建筑物）？”林徽因笑起来：“更准确地说，应该是 architecture（建筑学）吧！”那时候，梁思成早也已经准备出国留学，但是还不知要学习什么方向，受林徽因的影响，他也选了建筑学，并在日后成为世界知名的建筑师，还参与了联合国大厦的设计。后来梁思成在《为什么研究中国建筑》里深情地回忆道：“徽因告诉我，那是合艺术和工程技术为一体的一门学科。因为我喜爱绘画，所以我也选择了建筑这个专业。”

梁思成身体恢复后的第二年，便在父亲的安排下与林徽因一起去美国留学了。有着共同目标的两个年轻人的关系更加亲密了，梁思成对林徽因更加依恋，他在宾夕法尼亚大学的室友童寯在《童寯文集》里写道：

几乎每个夜晚他都“停在”（不是汽车，而是他本人，因为他没有汽车）她那里直到午夜。因此当他回来时，我都已经睡着了。

他们在宾大的相处模式是：

上专业课时，头脑灵活的林徽因总是满脑子创意。每次，有了奇思妙想就先画出草图，往往是创意草图画了一堆，却没有真正的成稿，到交作业之前，再由梁思成妙手将这些草图变成正式的建筑图。据他们共同的好友金岳霖说：“梁思成是构图高手，他画线，即便不看尺度，一分一毫不差。”他们的教授、著名建筑师哈贝森（John Harbeson）称赞两个人的建筑图“无懈可击”。其实，美术系的优秀学生林徽因，也不是自己画不了，大概有了梁思成这个安全的后盾在，她大可把心思放肆地用在前期的创意上，反正不管如何，都会有人为她收场，也许这也是少女的她向他“撒娇”的一种方式。

不上课时，热情好动又热衷于各类社交活动的林徽因，常常拉上梁思成，穿上她自己设计的奇怪的衣服，参加学校的派对。他们是宾夕法尼亚大学一对可爱的情侣。有一张两人“盛装”参加派对的照片：林徽因穿一身改良过的搞笑版清朝格格服，梁思成则穿一身清朝的长袍，头戴军阀士兵帽，画着弯弯的胡子。整个画面搞笑至极。

约会时，傲娇的少女林徽因常常让梁思成在楼下等上二十几分钟，才姗姗下楼，惹得惜时、勤奋的梁思成直跳脚。有一次，这种情形被弟弟梁思永看到，他便怀着看到一出好戏的心情撰写对联打趣他们，上联：林小姐千装万扮始出来；下联：梁公子一等再等终成配。横批：诚心诚意。

梁思成和林徽因共同的好友费慰梅谈到他俩，说道：

菲利丝（林徽因的英文名）感情充沛、爱开玩笑，对任何事都很坚持，走到哪里都惹人注目；思成则是温文尔雅、有幽默感、神情愉快，对古代公共建筑、桥梁、城墙、店铺、民居破坏表示深恶痛绝。

结婚后

1928年，梁思成和林徽因完成了宾大的学业。

两个性格差别很大的人，经历了9年磕磕绊绊的恋爱磨合，于3月21日，在姐姐梁思顺和姐夫周希哲（渥太华的总领事）的主持下，在加拿大渥太华的中国总领事馆举办了温馨的西式结婚典礼。林徽因穿着自己设计的婚纱做了一个特别的新娘。当他们把戒指交换到彼此的无名指上的时候，两个人的一生，就更加紧密地联系在一起了，自此之后，提到其中一个人，另一个总是如影随形。

结婚后一直到七七事变之前，他们主要在沈阳、北平两地生活；七七事变之后，北平沦陷，他们不得不抛开北平优越的生活，往西南迁徙、逃难。从北平到天津到青岛到长沙到昆明到李庄，一路颠沛流离，这种艰苦的生活一直到抗战结束。其间，他们曾在昆明和李庄长时间地居住过。

爱情和婚姻是两种不同质地的东西，都说性格相近的两个人适合做朋友或者情人，性格互补的两个人才适合结婚。

不过，“直男”梁思成做了很多让文艺青年林徽因心底大翻白眼的事情。

在北平生活时期，林徽因常常因为不时发作的肺病，遵从医嘱去西山休息、疗养。山间幽静的环境激发了她的诗心，心情放松的她常常会在晚上写诗。每次，她都要点上一炷清香，摆一瓶鲜花，穿一袭白绸睡袍，面对庭中的一池荷叶，在微风中作诗。她很得意自己的这身打扮以及与这个场景诗意的融合。某次，她自我陶醉地对梁思成说：“我要是个男的，看一眼（我自己）就会晕倒。”梁思成却不解风情地回她说：“我看了就没晕倒。”

……

抗战胜利后，梁思成被耶鲁大学邀请担任客座教授，回国时，林徽因指望着梁思成从美国给她带一些衣服之类的女人喜欢的小礼物。因为在过去几年逃难的艰苦生活中，林徽因大部分的衣物都丢失了，一向爱美的她也不得不穿着几件破旧的衣服，度过一个又一个灰头土脸的日子。结果，梁思成带回来的全都是当时西方先进的机械类小玩意儿，如钟表、收音机之类。林徽因给她的好朋友费慰梅写信吐槽道：“我觉得好像乾隆皇帝在接受进贡。”

……

不过，更多的时候，他们的相处模式如在北京北总布胡同三号的“太太的客厅”时那样，林徽因喜欢和朋友们在这间朴素而优雅的客厅里热烈地谈论、点评她热爱的文学、艺术，以及对于当下社会所发生的热点事件的看法。梁思成则坐在沙发上吧嗒吧嗒抽着烟斗，用欣赏的眼光看着自己的太太，并连连点头称赏。

林徽因像一朵花，梁思成像土壤，亦如小王子之于他那朵骄傲的玫瑰。

其实，这个世界上没有绝对完美的关系，最完美的关系是可以容忍其中的不完美。任何一段持久的感情，都不只是单方面的付出。在每一段关系里面，爱都是相互的，只爱，只被爱，都不可满足和恒久。

在昆明生活时期，他们的生活极其拮据，为贴补家用，林徽因每周都要翻越四次山坡，走很远的路，去云南大学做兼职英语老师，每月赚取 40 法币来贴补战时的家用。那时，物价飞涨，她基本没有钱买药治她反复发作的肺病，但她可以毫不犹豫地拿出 23 法币给梁思成买测量用的皮尺。

离开昆明在李庄生活时，条件比昆明还要艰苦。这个时期，林徽因鼓励梁思成撰写《中国建筑史》，这是梁思成人生中最重要的一部著作，也是第一部由中国人自己写的比较完善、系统的中国建筑史。像在学生时期一样，这项工作依然由他们共同来完成，梁思成写主稿，林徽因负责修改、补充、润色，将句子更加诗意化。梁思成曾经对友人说过："中国有句俗话——'文章是自己的好，老婆是人家的好。'可是对我来说是——老婆是自己的好，文章是老婆的好。"这个时期的他们，是一对苦难又勤奋的夫妻，因为过去几年长期的奔波、劳累，梁思成的颈椎灰质化病发作，疼痛常常折磨得他无法抬头，他需要在画板上放一个小花瓶撑住下巴，才能工作；而林徽因，也因肺病的困扰，大部分的时间都卧病在床，她在病床上翻阅《二十四史》，查阅各种资料典籍，完成了这部著作的宋辽金时期的写作。林徽因的堂弟林宣说，林徽因常常半夜两点起来为梁思成修改文章，梁思成凌晨4点起来再写。定稿之后，他们再用一台借来的1928年产的老式打字机，夜以继日地逐字敲出来，待到全部书稿完成，打字机也坏掉了。

在后来出版的英文版的《图像中国建筑史》的前言中，梁思成深情写道：

我要感谢我的妻子、同事和旧日的同窗林徽因。二十多年来，她在我们共同的事业中不懈地贡献着力量。从大学建筑系求学的时代起，我们就互相为对方做“苦力活”。以后，在大部分的实际调查中，她又与我做伴，有过许多重要的发现，并对众多的建筑物进行过实测与草绘。近些年，她虽然罹重病，却仍保持天赋的机敏与坚毅。在战争时期的艰难日子里，营造学社的学术精神和士气得以维持，主要应归功于她。没有她的合作与灵感的启发，无论是本书的撰写，还是我对中国建筑的任何一项研究工作，都是不可能成功的。(译自英文)

在《华北古建调查报告》中，他也深情写道：

我的多数行程都有我的妻子相伴，她也是一名建筑师，此外她更是作家，深爱戏剧艺术。因此，她比我更会转移注意力，热切地坚持不惜代价地拍摄某些主题。

在某一次乡野考察时，因为身体原因，林徽因先于营造学社的同事们回城，一直习惯林徽因陪伴着的梁思成写信对她说：

你走后我们大感工作不灵，大家都用愉快的意思回忆和你各处同作的畅顺，悔惜你走得太早。我也因为想到我们和应塔特殊的关系，悔不把你硬留下来同去瞻仰。

梁思成因为林徽因而走上建筑师这条路，林都是一路相随的，两个人已是不可分割的整体。年少时相依相伴、工作与生活又相互交融的两个人，在漫长的人生中很难彼此分开，他们在时间里相互依偎，长成一体，如榫卯般牢靠。

短暂的好时光

抗日战争胜利的第二年，1946 年 7 月 31 日，林徽因、梁思成终于再次回到了承载着两人诸多美好记忆的北平。当他们乘西南联大教授包租的飞机飞到北平上空时，身体虚弱的林徽因对梁思成平静地说了一句：

“我们回来了。”

自他们在 1937 年 9 月 5 日凌晨离开北平北总布胡同三号的家，到再次回来，已经过去了将近 9 年的时光。

尤其是在 1949 年以后，面对全新的国家，他们兴致勃勃地参与到新中国的建设中。他们被共同邀请参与中华人民共和国国徽和人民英雄纪念碑的设计。1950年6月23日，林徽因和梁思成在中南海怀仁堂再次迎来了他们人生的辉煌时刻，他们共同主持并参与设计的中华人民共和国国徽，在全国政协第一届二次会议上以热烈而经久不息的掌声通过。

抗日战争后期，梁思成在营造学社的工作让梁家的经济条件有了很大的改善，为了让在战争中常常感到郁闷的林徽因快乐起来，梁思成从美国讲学回来时，买了一辆美国产的克劳斯莱（Crosley）小汽车，在林徽因心情郁闷的时候，就载她出门兜风、看戏、见朋友，以弥补林徽因被逃亡浪费掉的漫长时光。

所有的事情都是慢慢变好起来的，但变坏的时候，却是急转直下的。

林徽因16岁染了肺病，一生都被病痛困扰着。特别是在那9年颠沛流离的逃亡中，生活条件极差，身体不能得到及时治疗，逐渐发展成严重的肺结核。在四五十年代，她的病总是反复发作，并且已经感染到肾脏，最后不得不把肾脏摘除。

那时，刚刚赶走日本侵略者的中国又陷入内战，医疗设备很差，做一台手术需要很多条件，甚至要等“暖气来”这种在今天的医院中根本不需要患者去考虑的因素。手术后的林徽因非常虚弱，一向不擅长处理杂事的梁思成成了林徽因最贴心的护士，煎药、护理、静脉注射都不在话下。

冬天的时候，他又成为锅炉工人，寒冷的气候是患肺病的人最大的敌人，在他们清华园的家里，有一个两米高的火炉，来保持房间的温度。这炉火谁都不能碰，因为他找到了一个可以让炉火不熄的窍门，怕不懂的人会不小心熄灭它。他像一个虔诚的信徒，小心又紧张地守护着炉火，在他看来，那是林徽因的生命之火。

那时的林徽因已经极其瘦弱，面容也已经不能再用“漂亮”“美丽”这样的词来形容了，但在梁思成眼中，她依然是美丽的，他在写给朋友的信中称她为“我那迷人的病妻”。肺结核具有传染性，但梁思成怕伤到林徽因的自尊心，从未与她分开吃饭，以至于后来，他不出意料地也染了肺病。

美好、平和的日子只过了几年。

一直以来，梁思成都主张保护北京的老城区建筑，而当时的中国正在学习“苏联老大哥”，要拆除古建筑来建设现代化的新城，在政治运动的时候，梁思成的这些主张便被冠以“形式主义和复古主义”的罪名，被批斗、羞辱。

家人、朋友爱护林徽因，不在她面前提及这事，但聪明的她从大家平时的言行举止中也能得知一二。她从来都是聪慧的女人，10年前，在重庆，当那位著名的美国医生为她做完身体的检查，并偷偷告知她的朋友和亲人，说她最多只能再活5年，大家都在为这个结论感到悲伤时，只有她本人没有追问过检查的结果。她自患了肺病，病痛便像影子一样一直跟随着她，成了她的一部分，但她从来没有把自己当成一个病人。

那次检查之后，她还是像往常一样忙东忙西，甚至在病床上协助创办了清华的建筑系。新成立的建筑系第一次展出学生作品时，身体虚弱的她是被学生抱上二楼的展厅的。但当她身体稍微好了一些，她就换上骑马装去郊区骑马。如此，又坚强乐观地活了这么些年。

其间，她屡次被传已经去世。在当时通讯不发达的日子里，她的很多朋友因为得到这样的消息而感到悲痛。萧乾甚至都为她写过悼念的文章。而每一次，她都又奇迹般地“复活”了。

唯独这一次，当她那一生都沉迷于建筑学的爱人被莫名批斗时，她拒绝吃药，拒绝治疗，在精神和身体上同爱人一起感受这其中的悲苦。

1955年3月31日晚，在北京同仁医院住院治疗的她叫来护士，请护士帮忙叫来梁思成，说有话要同他讲。在此之前，梁思成也因为被批斗，精神受到打击，肺病发作，住进了林徽因隔壁的病房。那一晚，护士觉得时间太晚了，让她先休息，等第二天一早再让梁思成过来。然而，一向坚强的她没有撑到第二天早晨，死神在早晨来临之前，牵着她的手悄悄离开了。

第二天，得知爱人去世的梁思成，在林徽因病床前痛哭流涕。他握着林徽因已经冰冷的手，不停地说着：“受罪呀，徽，受罪呀，你真受罪呀。”看到在母亲床前痛哭的父亲，已经成年的女儿梁再冰觉得，那个告别的时刻，是只属于他们两个人的，连作为孩子的自己，都是多余的。也再没有人会知道，那天晚上，她叫他来，要对他说什么。

林徽因去世后，梁思成按照生前“谁先死了，另一个要给对方设计墓碑”的约定，为她设计了墓碑。他在他俩共同使用的小图板上严谨地画了墓碑的图样和尺寸，并请同为建筑师的莫宗江先生用营造学社特有的字体，勾画出“建筑师林徽因之墓”几个字。碑面上用了林徽因最喜欢的卷草纹饰，碑体干净、大方如其主人。他同时把林徽因设计的人民英雄纪念碑的试刻纹样，从工地取回了一件，放在她的墓前。他知道她想要什么，也知道用什么能够表达林徽因的一生。

梁思成的学生、助手，后来成为建筑史学家的杨鸿勋，在林徽因去世后不久去看望梁思成，又担心去太早，梁思成未起床，特意等到 8 点钟过后才去。当他进门，发现梁思成早已起床呆坐在房里。见他来了，跟他说，昨夜不能入睡，思念林先生，于是干脆披衣坐起，背诵《长恨歌》。

迟迟钟鼓初长夜，耿耿星河欲曙天。
鸳鸯瓦冷霜华重，翡翠衾寒谁与共？

在没有爱人的日子里，他用他少年时练就的工整的小楷，把林徽因的诗歌，全部抄录了一遍，以寄思念。只可惜，这份珍贵的手抄本也在政治运动中遗失了。

结婚之前，梁思成曾经问林徽因："有一句话，我只问这一次，以后都不会再问，为什么是我？"林徽因说："答案很长，我得用一生去回答你，准备好听我了吗？"

林徽因去世前不久，还清晰地记得第一次同梁思成游玩太庙的情景，她躺在病床上，给前去看望她的友人讲起这段小小往事："那时我才十七八岁，第一次和思成出去玩，我摆出一副少女的矜持。想不到刚进太庙一会儿，他就不见了。忽然听到有人叫我，抬头一看原来他爬到树上去了，把我一个人丢在下面，真把我气坏了。"坐在病床旁的梁思成调皮又充满爱意地说："可是你还是嫁给了那个傻小子。"

他们之间没有互赠炽烈的诗句，也没有立下“山无棱，天地合，乃敢与君绝”的誓言，他们一起经历了最美好的流金岁月，也一起度过了最贫困的日子，人生中所有荣光都是两个人共同享受的，失去谁，另一个人都是不完整的。在林徽因去世很多年后，他写信给他们共同的好友费慰梅，说：“她的睿智引导和不间断的鼓励，是我完全所依赖的，失去了这个，我就如同跛行夜路一般。”

他们在纷乱的世间，用27年的互相陪伴完成了对彼此的告白。

爱是恒久忍耐

《圣经》里说：爱是恒久忍耐。

爱上一个人很容易，但任何一段长久的感情都是需要两个人共同用心经营的，只靠天生的爱情的力量是很难维持长久的。通常，我们会很快爱上一个人，但是往往因为没有耐心，而没能一直爱下去。真正地爱一个人便是肯花一生的时间在他身上。

我们一生中会认识很多人，分手是比彼此守护容易一万倍的事情。

人类越来越聪明，爱情也在随时随地发生，甚至有研究称，可以通过科学的方式使一个人快速地爱上另一个人，研究者让陌生的男女在一起共同回答36个问题，如：如果选谁都可以的话，你会选择和谁一起吃晚饭？爱与喜欢在你的人生中有什么区别？你觉得你的恋人应该有哪些美好品质？你上一次哭是什么时候？当别人面还是自己一个人偷偷哭？诸如此类可以迅速进入对方内心的问题，然后，再对视 4 分钟，以建立彼此间的亲密和信任，继而可以坠入爱河了，这样大大提高“爱情”的效率。好像不管怎样，人和人都可以恋爱。

一件浪漫的事情一旦有了科学的解释和运作，就会失去原有的滋味，也有可能因此会错失掉那个宿命的爱人或者 soulmate（灵魂伴侣）。

情路上遇到一个对的人，就像发掘到了一座金矿，不但有初见时的狂喜，还会一直有孜孜不倦挖掘时的喜悦。但如果只是疑似金矿，那就只好各自带上铁锹无功而返；又或者，矿藏很小，很快就被开采完毕，彼此也只好分道扬镳。

这中间要历经惊喜、希望、紧张、怀疑、诱惑、失望，甚至灾难的时刻，哪个环节出了问题，又或者犹豫了，都容易放弃。总的说来，能相伴一生确实不易。

在爱情里，看似选择很多的林徽因，其实更趋向于“当你老了”这种恒久的感情。人的一生，在无限的宇宙中，渺小又可怜，唯爱人的支持是最强大的后盾，有爱人支持的人生所发出的能量，比单打独斗要来得强大得多。

叁
与金岳霖｜陪伴是最长情的告白

有关金岳霖的情史

1955年4月3号，北京金鱼胡同的贤良寺内沉浸在一片哀伤的氛围中，林徽因的去世，对于她的朋友们来说，是一个时代的结束，喜欢她的朋友们再也听不到她神采奕奕地表达她那些玲珑、有趣、新鲜的观点了。

著名哲学家金岳霖向逝世的女主人献上“一身诗意千寻瀑，万古人间四月天”的挽联之后，身高1米8的他，就一直在掉眼泪，在整场追悼会中都没有停止过。

在林徽因追悼会后不久的一天，他仍然沉浸在她去世的余痛中，坐在办公室里的他，突然号啕大哭，一边痛哭一边无比艰难地对刚好来看他的学生哽咽着说：“林徽因走了。”

“林——徽——因——走——了”这五个字，对于他来说，宛如心头割肉般疼痛。他哭了几分钟才渐渐平息下来，然后低下头，目光呆滞，一言不发。

甚至在林徽因死后多年的某一天，金岳霖郑重其事地邀请一些至交好友到北京饭店赴宴，众人不知此宴请因为何事。直到开席前，他才黯然地对大家说出目的：“今天是林徽因的生日！”

对于金岳霖来说，除了他的学识，他人生中最多被人提及的便是他对林徽因的情谊，关于他因为林徽因而终身不娶的传说，为他和林徽因的关系蒙上一层浪漫的轻纱。

细说起来，金岳霖和林徽因是宾夕法尼亚大学的校友，只不过，他比林徽因早了10年到美国，他们在美国的生活没有重叠。金岳霖是回国之后通过徐志摩才认识林徽因的，他是徐志摩的好朋友。

他见证了徐志摩的两段感情，徐志摩与张幼仪离婚的时候，他在场，徐志摩与陆小曼结婚的时候，他也在场，并且是伴郎。徐志摩乘坐的飞机失事，他是第一批赶到济南搜救的人之一。

他和徐志摩一样，求学和找寻自我之旅的经历也是一波三折，他们都是考了官费去美国留学。起初，他在兄长的建议下学簿计学，学了一段时间之后，他觉得“簿计学是雕虫小技”，于是改去哥伦比亚大学学习政治，与徐志摩成了同学。他拿了哥伦比亚大学政治学博士学位之后，同徐志摩一样，也是因为受到罗素的感召才去了英国，那之后才发现，自己最爱的是哲学。

金岳霖极其聪明，他初上北平求学时，还是留着长辫子的“清朝人”，但他后来掌握英语的程度令人惊叹，美国人费正清赞叹道：“（金的英语）几乎达到了炉火纯青的地步，他能在音调、含义表情等各方面分辨出英语中最细微的差别。”

金岳霖的朋友都叫他老金，从他身边的人写的关于他的文字中，可以感觉到他是个怪怪的又可爱的人，大概与他专注于逻辑学有关，凡事都有一套自我的逻辑。

他年轻时，在美国和英国生活多年，生活习惯和穿衣风格都受西方影响。回到北平后，他依然保持着西式风格，每周六的下午，他都会在家中招待朋友们。回忆那段惬意的北平时光时，他写道：

“我那时吃洋菜。除请了一个拉东洋车的外，还请了一个西式厨师。‘星（期）六碰头会’吃的咖啡冰激凌和喝的咖啡，都是我的厨师按我要求的浓度做出来的。”

那时候，参加“星期六碰头会”和林徽因家“太太的客厅”的几乎是同一拨儿人，包括：政治家张奚若、钱端升，经济学家陈岱孙，考古学家李济，社会学家陶孟和等。

他曾在西南联合大学当教授。冬天的时候，其他教授像闻一多、沈从文等穿的是棉布长袍，唯有老金穿西式的夹克。他的学生汪曾祺，曾经在《金岳霖先生》中描述过他的日常穿着：“（他）经常穿一件烟草黄色的麂皮夹克，天冷时，就在里面围一条很长的驼色羊绒围巾。”春秋时节，他穿西装，皮鞋擦得油光可鉴，上面绝对不会有灰尘。夏天穿短裤，因其在英国生活多年，受“绅士文化”影响，穿短裤时，他一定要配长筒袜。老金虽然平时喜欢穿西式服装，但在给徐志摩与陆小曼当伴郎的西式婚礼上却穿中式长袍，并且专门找陆小曼的父亲借的。这大概也有他自己的逻辑在里头。

他有一些小小的怪癖，比如：平日喜欢搜罗大个头水果，像雪花梨、苹果、橙、柚、石榴，将它们摆在书案上，或偶尔拿去跟孩子们比赛，但每次输了比赢了更开心。他会把赢来的“水果状元”收藏在书房里，谁能吃到它，谁就是他的得意门生。

我们最爱看的爱情故事都与一见钟情、以死殉情、终身不娶有关，所以外界提到金和林的感情时，总把金岳霖传说成“为了林徽因而终身不娶”的悲壮痴情形象，仿佛他从未尝过爱情滋味一样。金岳霖不是没有恋爱过，他对待爱情的态度如他的穿衣打扮一样，有点矛盾，有点让普通人不能理解。

他有时非常前卫，如他和一位美国女士的同居关系；有时又古典浪漫，如他一直不离不弃地追随着林徽因。他的诸多行为也如他独爱的逻辑学，大多数人觉得枯燥难懂，但他觉得简单又充满乐趣。

金岳霖在美国求学期间，还不认识林徽因。那时他和一位叫 Taylor（中文名秦丽琳）的美国女士恋爱过。Taylor 不想结婚，但想体验中国式的家庭生活。于是，他们以在那个年代看很超前的同居的形式在一起生活。后来，他还带了 Taylor 回到北京居住——尽管他自己对这段感情遮遮掩掩，不愿多谈，甚至在刚回国时，连两个人在北京的地址都不愿意让朋友们知道，但从他身边的朋友写过的文字中能看出，他的这段感情经历留下过很多蛛丝马迹。

金岳霖和 Taylor 回到北京之后，徐志摩曾按照信上的地址去拜访他，却扑了个空。信中的地址另有他人居住，徐志摩在梁实秋主编的报纸《时事新报·青光》上写了一篇《徐志摩寻人》打趣他俩：

秋郎先生：请你替我在《青光》上发一个寻人的广告，人字须倒写。我前天收到一封信，信面开我的地址一点也不错，但信里问我们的屋子究竟是在天堂上还是在地狱里，因为他们怎么也找不到我们的住处。署名就是上次在《青光》上露过面的金岳霖与丽琳（秦丽琳）。他们的办法真妙，既然写信给我，就该把他们住的地方通知，那我不就会去找他们吗，可是不，他们对于他们自己的行踪严守秘密，同时却约我们昨晚上到一个姓张的朋友家里去。我们昨晚去了，那家的门号四十九号A。我们找到一家四十九号没有A！这里面当然没有他们的朋友，不姓张，我们又转身跑，还是不知下落。昨天我在所有可能的朋友旅馆都去问了，还是白费。我们现在有些着急，故而急急要你登广告……

著名语言学家赵元任的夫人杨步伟，在其自传中也提到过这段情。金岳霖在美国的时候曾经向杨步伟借过钱，杨步伟以为他生活拮据，所以二话不说，第二天就把钱借给他“救急”。结果是，金岳霖用借到的钱带着Taylor去意大利旅行了。

还有一次，金岳霖神神秘秘地打电话给杨步伟，让她去他家，杨步伟是妇产科医生，以为是Taylor怀孕了，杨步伟首先声明说：“犯法的事情我可不做。”金岳霖说：“大约不犯法吧。”杨步伟到了金家之后，Taylor开的门，杨步伟不放心，还盯着Taylor的肚子看了一会儿。进了门才知道，原来是金岳霖养的鸡生不下来蛋。金岳霖经常给鸡喂鱼肝油，以至于鸡有十八磅重，蛋出来了一半，就不再往外掉了，杨步伟用手轻轻一掏，就出来了。金岳霖请她吃了一顿烤鸭作为答谢。

徐志摩在写给陆小曼的信中，也提到过金岳霖和Taylor，大意是，老金和Taylor看到陆小曼的画，非常喜欢，写道：“老金、丽琳张大了眼，他们说孩子是真聪明……老金、丽琳想你送画，他们20日走，即寄尚可及。”

虽然金岳霖和Taylor并未结婚，但他们之间也是有爱的，我觉得，所有在一起过的人，都是因为爱，至少，也是因为曾经心动。

要不然也不会一起生活那些年，也不会在学业结束后，两个人一起结伴回到中国，并以情侣的身份一起出现。不过，到 20 世纪 30 年代，便再没有关于 Taylor 的消息了，想必，那时她已与金岳霖分手，回了美国。

爱情大都就是这样吧，都会有个时限，甜蜜有时，分开有时。如果都能看开这一点，情侣们应该就能更好地珍惜在一起的时光了吧。

金岳霖和 Taylor 模拟了一场婚姻，只同居不结婚，这样的恋爱观在当时是惊世骇俗的。梁思成的姐姐梁思顺就不喜欢她的女儿周念慈总待在叔叔（梁思成）家，因为他家里有金岳霖这个“连婚姻都不相信的人”。她担心自己女儿也沾染上这样激进的爱情观。每次，女儿去了叔叔家，梁思顺都焦虑得不行，立刻就要去接她回家。林徽因为此还写信给她的好友费慰梅抱怨过梁思顺这一举动过于大惊小怪。

我想林徽因惹人喜欢的一个重要原因，是她会尊重身边朋友的生活方式，并以一种开明的眼光看待朋友的生活，不会干涉朋友的私生活，更不会以一个道德楷模的姿态站出来指指点点。不管外界如何评价，她始终认为金岳霖是自己的好朋友，并不会觉得他的生活方式和独特的爱情观有任何不妥。

平时，她与朋友们所高谈阔论的话题也都是跟文学、艺术、建筑方面有关的，不是一般女人之间的家长里短、窃窃私语或者片面幼稚的看法。对于道德和人性，如她自己所言：“能懂得自己，不苛责自己，也不苛责旁人。”

还有一个原因，林徽因是一个美丽而不自恃的女人，金岳霖认识梁氏夫妇之后，常常看他们为了测量古建筑上的某个数据而爬上爬下，于是就编了“梁上君子，林下美人”的对联“打趣”他们，以“林下美人”来赞美林徽因的美貌。

一般的女人往往会迷失在男人的宠爱和赞美里，但林徽因反而很不领情地说：“真讨厌，什么美人不美人，好像一个女人没有什么可做似的。我还有好些事要做呢！”她并没有觉得长得漂亮是件多么了不起或是值得大肆炫耀的事情，也未利用这件事，从男人身上捞得一些好处。林徽因的这种反应反而引得金岳霖的鼓掌称赞，妖娆的女人终究比不上自食其力、努力工作的女人更能令人刮目相看。

日本服装设计师山本耀司曾经表达过自己对于“工作着的女人”的迷恋，这位酷酷的男人说：“我对那些卖弄风情的女人丝毫不感‘性’趣。相反地，一位专心踩踏缝纫机的女性背影，或是聚精会神缝衣服的侧影都会让我感受到一股强烈的情欲。我极其渴望去尊重、帮助那些在社会上立足，为生计打拼的女性。但我发现还有一种厌恶或某种愤怒感与之相伴，它驱使我去征服她们，恰恰因为她们具有动摇我的力量。”

从此再也未惹情事

自 1930 年，在徐志摩的引荐下，35 岁的金岳霖敲开北总布胡同林徽因的家门那天开始，金岳霖过去的生活便不复存在了。他从此再未沾惹情事。他被她深深地吸引，并一直追随着她，像守护着雅典娜女神的圣斗士，她的欢乐或哀愁，都会牵扯到他的心绪。

金岳霖甚至搬到了林徽因与梁思成居住的北总布胡同，与他们毗邻而居。在1932年到1937年夏天之间，梁思成和林徽因住前院的大院，金岳霖住后院的小院。并且“除早饭在我自己家吃外，我的中饭、晚饭大都搬到前院和梁家一起吃。这样的生活一直维持到七七事变为止”。

1940年，林徽因、梁思成和北平的其他教授逃难至昆明时，在龙头村为自己建造了一座房子。后来，老金也迁到龙头村，因为他觉得“我离开梁家就像丢了魂一样”。于是，梁氏夫妇又为老金在已经建好的房子边上加盖了一个耳房，三个人又以“北总布胡同的形式”同住了半年。对于这次重逢，金岳霖充满了喜悦，他在给友人写的信中描述林徽因——“依然那么迷人、活泼、表情生动和光彩照人——我简直想不出更多的词汇来形容她”。金岳霖在这个耳房里，完成了他最满意的著作——《论道》。

金岳霖在《我的朋友们》中写道：“一有机会，我就住在他们家。他们在四川时，我去他们家不止一次。有一次我的休息年是在他们李庄的家中过的。抗战胜利后，他们住在新林院时，我仍然同住，后来他们搬到胜园院，我才分开。”

金岳霖也热爱文学，平日里，他除了阅读和写作他研究的学术领域的书之外，也读很多中外小说，他读普鲁斯特，也读福尔摩斯，比较喜欢的是平江不肖生的《江湖奇侠传》。徐志摩主编《晨报副刊》的时候，也会向他约稿，他会写随笔、小品文发表，并被读者喜欢。当林徽因为一首写不出的诗而焦灼的时候，他也默默地担心，暗自焦灼。在很多的时候，他是林徽因作品的第一个读者。

建筑是林徽因的命，是她诸多涉及的领域中最感兴趣的。金岳霖会因为林徽因而去关注建筑，以便可以和林谈论建筑。比如，当身为建筑系教授的林徽因批阅学生设计的众多不同风格的公园入口的画稿时，金岳霖会抽着烟斗在旁边发表自己的意见："如果把这些门排在一起，我更愿意从这个门进公园……"

林徽因是个表达欲望非常强烈的人。在她和梁思成结婚 20 周年纪念日的当天，他们请了朋友在清华园的家中庆祝。其间，林徽因不顾自己刚刚做完手术不久，即兴做了一场关于宋朝都城的演讲，听得金岳霖胆战心惊的。因为不久前，她手术的伤口刚刚撕裂、感染，好不容易委托在美国的朋友买到链霉素。他生怕她激昂的情感再次撕裂她刚刚愈合不久的伤口，直到她平安地演讲完，他悬着的一颗心才放下。他后来写信给他们共同的朋友费慰梅，描述了他当时的担心。那段时间，每天下午四点整，他便会在腋下夹一本诗集，步行几分钟到林徽因家，去给手术后卧床静养的她读诗、解闷，风雨无阻。有时，会去法国人开的面包房，买当时不多见的蛋糕，带给病床上的她吃。

据说，有次林徽因哭丧着脸对梁思成说，她苦恼极了，因为自己同时爱上了两个人（梁思成和金岳霖），不知如何是好。梁思成听后，比较了金岳霖优于自己的地方后，告诉妻子，她是自由的，如果她选择金岳霖，就祝他们永远幸福。林徽因又原原本本把一切告诉了金岳霖，金岳霖的回答更是率直而坦诚：

“看来思成是真正爱你的。我不能去伤害一个真正爱你的人。我应该退出。”

人活到一定年岁，看过了太多的风景，爱情会升华成另一种情感，这种情感里包含爱意、理解和恰到好处的距离。

这件事情之后，他们之间的交往反而更加坦荡，没有芥蒂。金岳霖并没有因此减少对林徽因的关注和照顾，他对她始终是不求回报的。

他同林徽因的两个孩子感情也很好，会亲自教他们英文。在他们放学的时候，他会接上两个孩子一起坐校车回家。在休息日，他也会带着两个孩子出门逛一天的街。有时候，梁思成和林徽因一起到外地考察古建筑，金岳霖便在城里照顾两个孩子。孩子们叫他“金爸”，在林徽因和梁思成去世后，梁从诫一直同他生活在一起，并照顾着“金爸”的饮食起居，一直到他去世。

对于他们三个人的关系，梁思成说：“我们三个人始终是好朋友。我自己在工作中遇到难题也常去请教老金，甚至连我和徽因吵架也常要老金来‘仲裁’，因为他总是那么理性，把我们因为情绪激动而搞糊涂的问题分析得一清二楚。”

金岳霖也说：“梁思成、林徽因是我最亲密的朋友。”

林徽因自己看得更加明晰一些，她说：“思成是个慢性子，愿意一次只做一件事，最不善处理杂七杂八的家务。但杂七杂八的事却像纽约中央车站任何时候都会到达的各线火车一样冲他驶来。我也许仍是站长，他却是车站！我也许会被碾死，他却永远不会。老金（正在这里度假）是那样一种过客，他或是来送客，或是来接人，对交通略有干扰，却总能使车站显得更有趣，使站长更高兴些。”

金岳霖是林徽因和梁思成生活的注脚。往往林和梁的朋友，也是老金的朋友。林和梁最好的朋友费慰梅和费正清夫妇离开中国回到美国后，每每与梁、林通信，费氏夫妇都会收到三个人各自写的信，他们一般会先读林徽因感情充沛的长信，再读梁思成平静叙事的信，然后读金岳霖对前面两个人所说事件的点评，像在听一场群口相声。以至于后来，朋友们提及林徽因的家人时，老金也是默认地包含在内的，他已是梁家不可或缺的一员。

金岳霖曾经开导他一个失恋的学生，说：

恋爱是一个过程，恋爱的结局，结婚或不结婚，只是恋爱过程中一个阶段，因此，恋爱的幸福与否，应从恋爱的全过程来看，而不应仅仅从恋爱的结局来衡量。

其实，金岳霖本人就在实践着这样的爱情观，他活得潇洒自由，完全不去避讳世俗的目光，不受社会大环境里的“大众”都在做什么的影响，而是遵从内心去选择最适合自己的生活方式。

他爱着她，可以无私地为她做很多事情，在社会稳定的时期，他在她身边听她吟诗，陪她一起感受写不出一首诗的焦虑；在物资匮乏的年代，他照顾她的饮食、起居。对他来说，他的付出和她的接受这个过程，就是一场恋爱了，结局并不重要。

陪你直到故事讲完

20 世纪 80 年代，林徽因老家福建的某家出版社要出版林徽因的作品集，遂派一位编辑前去北京拜访金岳霖，希望能从林徽因亲近的人口中，得到一些关于她的故事。几十年过去了，林徽因在世的朋友已所剩无几，金岳霖身边的老朋友们也都一个一个离开。徐志摩在年轻时候便坠机身亡，林徽因这颗明亮的星，在度过了漫长的苦难岁月也已黯淡坠落，梁思成在林徽因去世 17 年后也因患病离开，费氏夫妇早已回到了自己的家乡美国。

年老的金岳霖孤独地住在北京东城区干面胡同的寓所里，头发花白，眼神朦胧，耳朵也已不太灵光，记忆已经开始混浊，同人交谈几分钟，就会自然进入睡眠状态。关于他的"糟糕"记忆，有件有趣的事情。

30 年代时，有次，他打电话给陶孟和，陶的仆人接的电话，问他是哪位，他竟然连自己的名字都忘记了，他只好问给自己拉洋车的车夫，车夫说："我也不知道。"他又不死心，继续问："你没有听别人说过？"车夫说："只听人家叫金博士。"这才提醒了他。

但是提起林徽因，隔了这么多年的时光，他还清楚地记得她当年因为没有写出一首诗的焦虑样子，还能清晰地背出林徽因写的诗句。听到操着福建口音的编辑说话，也觉得亲切起来。那一刻，他大概想到了几十年前用福建话与母亲对话的林徽因了。

当那位编辑拿出一张林徽因年轻时候的照片，请金岳霖为他介绍一下拍摄背景的时候，本来昏昏欲睡的他，突然精神一振，像个小孩子似的恳求对方说："给我吧。"

当编辑告诉他，这张照片是从林家后人手中借出，还需要再归还回去的时候，他的眼神黯淡了一下。但编辑又答应他，可以送给他一张复刻版的，他黯淡的神色又亮了起来，像快要熄灭的火，又遇着火种。

拜访快要结束的时候，那位编辑问他："有什么话要对林徽因说吗？"他清楚地说道："我所有的话，都应该同她自己说，我不能说。"停了一下，显得更加神圣与庄重，"我没有机会同她自己说的话，我不愿意说，也不愿意有这种话。"

是的，他该说的，该做的，都在林徽因在世的时候，说了，做了，一切都无怨无悔了。唯独所爱之人走得太早这件事，深深刺痛着他，让他在没有她的时空里，没有寄托地又活了 29 年。

对于她的早逝，过了几十年后，他依然觉得"心情难以描述"。他在盛年遇到了她，走近她，有了"曾经沧海难为水，除却巫山不是云"的情，便以一种世人不太理解的方式终身追随。他是真正读透了人生的人，始终活得痴迷而清醒，并不会对这份没有结果的感情感到委屈。

几日之后，那位福建籍的编辑把复刻并放大的林徽因的照片，送到金岳霖的寓所里，他坐在宽大的沙发里，腿上盖着毛毯，轻抚着爱人年轻时的照片，一边喃喃自语，一边满足地慢慢进入了睡眠状态。此情此景，像极了叶芝的诗歌《当你老了》，这首诗也是林徽因最喜欢的诗歌之一。

那时候，在北总布胡同三号，充满活力的林徽因用英文饱含深情地朗读这首诗，那是她的流金岁月，她的舞台。金岳霖和朋友们围坐在她的身边，听得眼泛泪光。白色的阳光透过院子里的丁香树尽情地照进林徽因的客厅里，斑驳的光影打在他们自由洋溢的脸上，那是他们一生中最美好的时光。

那时候，林徽因还年轻，朋友们也还年轻。

When You Are Old

William Butler Yeats

When you are old and grey and full of sleep,
And nodding by the fire, take down this book,
And slowly read, and dream of the soft look
Your eyes had once, and of their shadows deep;
How many loved your moments of glad grace,
And loved your beauty with love false or true,
But one man loved the pilgrim Soul in you,
And loved the sorrows of your changing face,
And bending down beside the glowing bars,
Murmur, a little sadly, how love fled
And paced upon the mountains overhead
And hid his face amid a crowd of stars.

当你老了

威廉·博特勒·叶芝

当你老了，头发白了，睡意昏沉，

炉火旁打盹，请取下这部诗歌，
慢慢读，回想你过去眼神的柔和，
回想它们昔日浓重的阴影；
多少人爱你青春欢畅的容颜，
爱慕你的美丽，假意或真心，
只有一个人爱你那朝圣者的灵魂，
爱你衰老了的脸上痛苦的皱纹；
垂下头来，在红光闪耀的炉子旁，
凄然地轻轻诉说那爱情的消逝，
在头顶的山上它缓缓踱着步子，
在一群星星中间隐藏着脸庞。

（袁可嘉 译）

她是他生活的真谛

关于爱情、婚姻、外遇、生活真谛，苏格拉底和学生柏拉图之间有几个著名的故事来解释：

一日，柏拉图问老师苏格拉底什么是爱情。苏格拉底叫他到麦田走一趟，要不回头地往前走，并在途中摘一棵最大最好的麦穗，但只可以摘一次。柏拉图觉得很容易，充满信心地出去。谁知过了半天，他双手空空地回来，对老师说："我看见一株看似不错的，却不知是不是最好，因为只可以摘一次，只好放弃，再看看有没有更好的，等已经走到尽头时，才发觉手上一棵麦穗也没有。”这时，苏格拉底告诉他：“那就是爱情。”

柏拉图又问什么是婚姻。苏格拉底叫他到杉树林走一趟，也要不回头地走，并在途中取一棵最好、最适合用来当圣诞树用的树，也只可以取一次。柏拉图有了上回的教训，充满信心地走出去。半天之后，他一身疲惫地拖了一棵看起来直挺、翠绿，却有点稀疏的杉树。苏格拉底问他：“这就是最好的树吗？”柏拉图回答老师：“因为只可以取一次，好不容易看见一棵看似不错的，又发现时间、体力已经快不够用了，也不管是不是最好的，所以就拿回来了。”这时，苏格拉底告诉他：“那就是婚姻。”

柏拉图又问什么是外遇。苏格拉底还是叫他到树林走一次，去取一枝最好看的花，这次可以来回走，柏拉图又充满信心地出去。两个小时后，他精神抖擞地带回了一枝颜色艳丽但有点蔫掉的花。苏格拉底问他：“这就是最好的花吗？”柏拉图回答老师：“我找了两个小时，发现这是树林里最美丽的一朵花，但我带回来的路上，它就渐渐枯萎了。”这时，苏格拉底告诉他：“那就是外遇。”

柏拉图又问什么是生活。苏格拉底还是叫他到树林走一次，去取一枝最好看的花，可以来回走。柏拉图有了以前的教训，又充满信心地出去。过了很久，他也没有回来。苏格拉底只好走进树林里去找他，最后发现柏拉图已经在树林里安营扎寨。苏格拉底问他：“你找到最好看的花了么？”柏拉图指着自己旁边的一朵花说：“这就是最好看的花。”苏格拉底问：“为什么不把它带回去呢？”柏拉图回答老师：“我如果把它摘下来，它马上就会枯萎。虽然即使我不摘它，它也迟早会枯萎，但我想在它还盛开的时候，住在它边上，等它凋谢的时候，再找下一朵。”这时，苏格拉底告诉他：“你已经懂得生活的真谛了。”

一般，一个人的身上会先发生爱情，吃了爱情的甜蜜和痛苦后，再去经历婚姻。但是对于金岳霖来说，爱情和婚姻的出现顺序是颠倒过来的。年轻时，在他对爱情并没有太多理解和期待时，遇到一个不一定是最爱但可以模拟婚姻生活的女人，他就先经历了婚姻。先经历完婚姻的人，往往没有足够的力气和耐心再回头去拥抱爱情，像徐志摩那样炽烈又不顾一切的人，并不多见。当他真正为之着迷的女人出现后，金岳霖已经进化成为找到了“生活的真谛”的成熟男人，他选择陪在她身边守护她，直到她枯萎，以爱情或者婚姻的形式，对他来说已经不重要了。

肆
林式爱情｜爱情如同才华，都支撑不了一辈子

张幼仪的尴尬

一个幸运女人的爱情模式应如林徽因，人生中最重要的初恋，邂逅的是浪漫多情、心思细腻、对生活抱有火热激情的诗人徐志摩。在异国他乡，从彼此吸引，到惺惺相惜，他用诗人的浪漫满足了文艺少女对爱情全部的幻想；后半生应如林徽因与梁思成式“世间始终你好”般不离不弃地陪伴。在此之外，再有一个痴情的像金岳霖那样的男人，终生以欣赏的目光追随着，大概这样的一生才算完满，情感上才能得到满足。

我觉得像徐志摩这样的男人是可以同时爱几个人的，这并不是在讽刺他，爱情像很多事物一样，也不是非黑即白的。徐志摩遇到林徽因时，已在国外留学三年，在英国生活的这段经历将徐志摩性格中炽烈、天真的特性激活。那时的中国国内也在发生着新的变化，新旧交替，他决心要成为走在时代前端的新新人类。

他爱林徽因，也爱后来的陆小曼，并且对这两个女人的爱都是毋庸置疑的。用当下的一句话来说就是：每一任都是真爱。他能为林徽因写出“我是天空里的一片云，偶尔投影在你的波心”，也可以为陆小曼写出“我真恨不得剖开我的胸膛，把我爱放在我心头热血最暖处窝着，再不让你遭受些微风霜的侵暴，再不让你

受些微尘埃的沾染”这样的肉麻话。在对这两个女人表达爱意的当下，他是爱她们的。

以徐志摩的性格断然不会与一个没有感觉的女人交往，就如初始，他在家人的安排下娶了张幼仪，但他厌恶她，甚至不愿意与之交谈，因为觉得她是个“乡下土包子”。甚至不顾张已怀了他的第二个孩子，要张打掉腹中的胎儿并与她离婚。

张委屈地说：“我听说有人因为打胎死掉了。”希望能让他回心转意，他却冷冰冰地答道：“还有人因为火车事故死掉呢，难道你看到人家不坐火车了吗？”他的性格，天真、多情中带着一点儿残忍。

在徐志摩第一场婚姻之前，张幼仪的母亲请相命婆来为他们占卜，相命婆说到属猴的徐志摩时说，这迷人又逗趣的猴子是第一个被佛教徒崇奉为神的动物。但话锋一转，又说，猴子也可能变得狡猾和丑恶。

徐志摩对林徽因真是好，对张幼仪真是坏。以至于，让我觉得：一个人对一个人好，对另一个人就有罪了。聪慧如林徽因在与徐志摩的交往中不会嗅不到这些危险气息。

徐志摩只是讨厌张幼仪，但他在留学国外的时候，也没有认识什么打心眼里真正喜欢的女人。有时候他只是为了交新女朋友而交朋友，或是为了他所想要去实践的新式的爱情观而去交女朋友。

有次，徐志摩带了一个“女朋友”回他和张幼仪在沙士顿的住处一同吃饭，对方是一个从上海去英国留学的小脚女人，她穿着洋装，却突兀又不协调地把两只缠过的小脚暴露在外面，张幼仪被这样的装扮惊呆了，吃饭的时候张幼仪一直在想，难道他提离婚是为了这样一个女人？

果然，饭后徐志摩还有些得意地问张幼仪，她怎么样？张幼仪说，你不是要为了新思想、新的婚姻离婚么？这个女人的做派还不如我新呢。连一贯服从他、被他踩在脚下的女人都觉得他的“女朋友”奇怪，徐也是觉得十分没有面子的，后来这个女人就再也没出现过。

张幼仪是有些怨恨林徽因的，一个如张幼仪般大气、隐忍的女人，只有地位真正受到威胁了，才肯去怨恨对方的吧。在徐志摩那个“奇怪女友”面前，张幼仪丝毫没有感受到威胁，即便屡次被徐志摩提出离婚，她也不会觉得与眼前这个“奇怪女友”有关。再后来，张幼仪面对已经被徐志摩娶回家的风情万种的陆小曼，作为前妻的她也没有生出很多怨恨。她在徐家有诸多优势，徐家一直看不惯陆小曼的做派，徐家父母打从内心里面依赖着张幼仪，给了她最大的认可。旧时的女子，若是得不到丈夫的宠爱，能得着公婆的喜爱也算一种成就。但她唯独对林徽因耿耿于怀，因为，即便是以一个情敌的眼光来看，林徽因也是一个完美恋人。就是因为林徽因并不是那种单以美貌惊人的女人，所以，不管对男人还是女人来说，她给人的感觉都有种不可掌控的恐慌和吸引力。如果林徽因要插足她和徐志摩的婚姻，那是万劫不复的，谁也阻挡不了一个“双脚完全自由的女士”，除非她自己愿意撤离。

可以想到，当年的徐志摩遇到林徽因这个自己心中的理想女孩的时候，他的内心是多么的澎湃，诗人的敏感和浪漫放大了他对她的爱，他的爱情就像一条泄洪的大河奔腾着流向她，如此声势浩大，从伦敦一直追随到北京，惊动了当时的文艺界。但是当时倘若林徽因答应了徐志摩的追求与之结婚，那对于徐志摩来说，大概也会了无乐趣了吧，之后的陆小曼们还是会出现。徐志摩是个彻底的浪漫主义者，他一路追逐着一个背影，如果她停下并转身过来，那么这场追逐就结束了。她要一直往前走，不能停下来。

人的情感本来就复杂，到了林徽因和徐志摩这里，便更加复杂了。热爱文学的林徽因，如果与徐志摩连朋友都做不成，她心底那些文学方面的思想也就少了交流的对象。男人与女人最容易在爱情上结恨，民国时期如张爱玲与胡兰成、阮玲玉与张达民……细数起来，比比皆是。不好的爱情，很容易将女人变成李莫愁。有时候，细想起来，与感情有关的伤害都是自我认领的，如果在恰当的时候，拔掉电源，关闭心扉，不再受诱惑，那无论是谁也伤害不了你的。显然，这种情况并不是人人可以做到，甚至是大多数人都做不到，何况那些美丽又有才情的女人，爱情对她们来说更是人生的标配。但其实，我们的一生不过是在茫茫人海中捡拾自己的同类罢了，而遇到同类的机会并不多，遇到了，哪怕不能一起生活，也未必要弄到两败俱伤，老死不相往来。所以，她没有彻底拒绝徐志摩，徐志摩也没有因为她当年的不告而别而记恨于她，他们最终退回到了朋友的位置，一起讨论文学诗歌，一起创办文学杂志。

很多年后，林徽因对自己的子女说起她同徐志摩的感情，理智地说道："徐志摩当初爱的并不是真正的我，而是他用诗人的浪漫情绪想象出来的林徽因，而事实上我并不是那样的人。"

不过，在1947年的时候，林徽因做完肾脏手术后，因伤口感染，身体日渐虚弱，医生以为她时日不多了——连在耶鲁大学当讲师的梁思成也被紧急召回国，她自己也觉得撑不过去了。刚巧，她听说张幼仪在北平参加友人婚礼，就派人请张幼仪去看她。那时，徐志摩已经去世16年了。民国的这些女人，无论在情感还是做人的其他方面，都表现出了各自的大度。张幼仪真的带着儿子徐积锴和孙子去医院看林徽因了。当时林徽因虚弱得说不出话来，只是看看徐积锴，又看看张幼仪，张幼仪也不知林徽因要做什么。后来，张幼仪猜测说，林徽因是因为还爱着徐志摩，所以想在临终前，见一见徐志摩的孩子。

林徽因的选择

林徽因最终选了梁思成作为终身爱人，并且是非常笃定的选择，她与他相伴了一生。

我曾读到梁思成写的一篇关于艺术创作的文章，题目叫《千变万化和千篇一律》。从这篇文章就能看出，梁思成并不是传说中无趣的人，他是一个艺术方面修养极高的男人，他找到了一条好的艺术作品（无论美术、音乐、建筑）所遵循的规律——艺术作品中的重复和变化的相互作用产生的美感，读来有醍醐灌顶之感。也只有通晓各种艺术形式的人，才能总结这样的规律。

我记得，读完我还对朋友讲：梁思成专注建筑，又通晓音乐、美术，人又含蓄内敛，出身世家，最重要的是，这个男人笃定的爱和包容会给人强烈的安定感。我说，遇到这样的一个人，若我是林徽因，也定是要选他的。朋友说：你只是旁观者清，要是真有这么两个人出现在你面前，你未必像你想象中这般清醒。

梁思成热爱古代建筑，终生都沉迷其中，当他得知政府要拆掉北京的大量古建筑，他用专业的理念阻止不了当时的执政者时，他试图“以帝王庙前景德街牌楼为例详细描述了每逢夕阳西下，西山的峰峦透过牌楼和阜成门城楼所融汇而成的绝妙好景”这种浪漫的意境来打动执政者。由此可见，他有颗赤诚、浪漫的内心。

在徐志摩飞机失事后，第一批到达出事地点参与搜救的人员中就有他。并且，他也知道徐志摩与林徽因的情谊，在飞机失事的现场捡了一块飞机残骸带给她，作为缅怀之物。并在一次乡野考察时，途经徐志摩墓地所在的小城，停下来，陪林徽因一起为徐志摩扫墓。可见，他也不是什么心胸狭隘的人。当然，他也不是那种傻男人，林徽因在香山养病时，徐志摩每日上山陪伴她，他在香山的住所便是梁思成为其安排。但每日在其上山陪伴林时，他都会让林徽因的堂弟林宣一起上山，林宣回忆当时的情形，道：“我和徐志摩都住在香山的甘露旅馆。每天吃了早饭就去林徽因住处，我们的中晚餐一起吃，夜里回来。林徽因、徐志摩谈诗论艺时，他就坐另一旁看书作陪。”聪明的他，既尽了地主之谊，又体面地宣示了自己的主权。

也有人质疑过梁思成和林徽因是否是真爱。但爱情这东西，好不好，只有当事人知道，外人哪怕是最亲密的朋友也不一定能完全看透，所猜所想都可列为假想。总是出双入对，四处秀恩爱的情侣或夫妻，在他们退回到属于自己的隐蔽空间时，可能是互相不理睬对方的状态；当着外人的面意见不合到可以互相争吵起来的夫妻，也不见得私底下是不相爱的。林徽因曾经在给沈从文的信中这样说："在夫妇间为着相爱纠纷自然痛苦，不过那种痛苦也是夹着极端丰富的幸福在内的。冷漠不关心的夫妇结合才是真正的悲剧。"

双子座的林徽因，有着双面属性，她的 A 面是文学，B 面是建筑。A 面有徐志摩来承接，B 面有梁思成。文学是她内心文艺情绪的寄托，建筑则作为她的事业贯穿一生。文学和建筑正如徐志摩和梁思成之于她的生命中的存在。而她的情绪管理，则来自于金岳霖，她很佩服金岳霖能把一件复杂的事情看透彻并理顺，把当局者从迷局中解救出来。

徐志摩和金岳霖对林徽因的爱里面，欣赏的比例占了大半以上。金岳霖在林徽因去世 30 多年后回忆起她，说："林徽因啊，这个人很特别，我常常不知道她在想什么。"他在她身边这么多年也没有将她彻底看透，对于金岳霖来说，林徽因是一个解不开的谜。

看不透，是女人对男人最致命的吸引力。

而梁思成每日要面对的，除了外人看得到的林徽因的美丽、才情的一面，还要面对林徽因的坏脾气和日常生活中的琐碎面。那后面，隐藏的是两个不同性格的人在日常生活中的磨合和较劲。

有一种爱情的理论：男人虽然爱漂亮的女人，却往往娶了丑的那个，丑一点儿的那个能给人安全感，娶漂亮的女人往往要承担替别的男人养育后代的风险。作为男人，有一个如此受欢迎的妻子，大部分男人都不会像梁思成那样包容、淡定。

其实，所有最后能走到一起的爱情都不简单，都不是只有“爱情”。当然，“爱情”是最初的主因，除此之外，相处时的愉快、彼此的安全感，还需加一些外在的力量。就如张爱玲的小说《倾城之恋》，一对互相试探撩拨却始终下不了决心在一起的情人，因为香港的沦陷，战争的恐慌，迅速地扔下自私与矜持，迅速地结婚，成为一家人。对于林徽因与梁思成这一对，梁家在林徽因父亲去世后对其学业的资助、她与梁思成共同喜欢的建筑事业、野外考察时的互相陪伴、战争岁月的不离不弃……都把他们紧紧地绑定在一起。

在林徽因的生命里，梁思成是完美的、最终抱得美人归的男主角；徐志摩是略有瑕疵、孜孜追求女主角的男二号；金岳霖是不离不弃、令女主角开心的男三号。

我们都希望，在我们一生中至少要遭遇一次爱情；我们都希望，在这个世界上被某个人坚定而认真地爱着。女人往往在男人身上受到了伤害之后，才懂得在以后的选择中尽量避开能够伤害到自己的人。

像林徽因这样的女人，她骨子里面就带了自我保护装置，遇到需要选择的时刻，就自动开启，将受伤害的可能性降到最低。她是一个现代的人，她的思想、行为、做派，她人生中的每一次选择、取舍，都有新时代独立女性的作风。只看她做的这些事情，大概我们常常都会忘记她是一位出生在清朝、长大于民国的女人。有时候，我甚至觉得她是一个21世纪的女子穿越回去的。我们当代的女性又有多少，活得远远不如她独立、自信、现代呢？

大多数的女人，骨子里都想当陆小曼，风骚、风情、任性、纵情，上个楼都要娇呼着“摩摩，抱我上去”，恨不得一辈子活在爱情里面。而现实的环境却需要像林徽因那样，适时收起爱情的帆，与一个安全稳定的男人度过一生。

我们都知，镜花水月般的爱情是多么不牢靠。

爱情如同才华，都支撑不了一辈子。

伍
家族荣光｜开明的家长们

祖父林孝恂｜眼光超前的雅士

我们也该说一说林徽因的家庭背景了。

林徽因出身于福建闽侯的一个望族。林氏家族最早可追溯到殷商时期的忠臣比干，只不过经过年代的变迁，族人大部分都已沦为布衣，直到其祖父林孝恂这里方又崛起。

林徽因的祖父林孝恂，在清朝光绪年间以进士之身成为翰林，与康有为同科。林孝恂中进士之前，家境贫寒，曾靠做富户人家的教书先生来赚取家用，林徽因的父亲林长民回忆起儿时家境，写道："爹别就人家教读，与年所入不过数十千制钱，家计贫苦。"

那时的林孝恂即便买几个梨回家，都因儿女太多，只好切成一片一片地给大家分着吃。中了进士之后，林孝恂考虑到自身家底微薄，而在京做官花销又太大，便在翰林院年度甄别考试时故意写错一个字。如此一来，考官即明白此人希望到京城以外的地方做官，他便如愿地偕夫人游氏到了江浙一带任职。

他曾历任海宁、崇德等地的地方官员，到了清光绪三十年，已经做到代理杭州知府，全家老小居住在杭州蔡官巷的宅院里，日子也渐渐富足起来。从一张林家后人留存的照片上看，那个时期，林家已经有了 13 口人之多，人丁逐渐兴旺起来。

林孝恂不像其他的官员那样满身官气。他平日里喜着一袭青衣布衫，低调儒雅，在当官之余喜爱读书，同时还学习医术。他曾写过一幅“书幌露寒青简湿，墨花润香紫毫圆”的对联，正是他当时的生活写照。夫人游氏也喜好典籍，且工于书法，两人夫唱妇随，恩爱有加，日子过得非常富足、惬意。

林徽因于 1904 年的 6 月 10 日出生在祖父在杭州的宅院里。林孝恂十分喜爱这个孙女，他从《诗・大雅・思齐》中“大姒嗣徽音，则百斯男”，这句歌颂周初开国人物文王及其母太任、其妻太姒的诗中选“徽音”二字，作为孙女的名字，希望她既能继承美德，又能为林家招来满堂儿孙。

“林徽音”这三个字，无论放到任何时期来看，都是一个十分美丽、婉约，十分时尚、典雅，值得细细品味的好名字。只不过后来，她因要公开发表文学作品，“徽音”与当时的某位名人重名，所以才改为“徽因”。但在很多私人信件中，她仍署名“徽音”。

林徽因出生不久，林长民就远赴日本留学。林徽因便跟随祖父母一同生活。据说，林徽因的容貌很像祖母，十分得祖母的喜爱，游氏甚至不让她的母亲带，大部分的时间里，让她跟随自己玩耍。林徽因在祖父母的疼爱里度过了幼年时光。

林孝恂是位思想超前、能接受西方思想的人，并提倡男女平等。林家后辈，不管男女都要接受教育。他在自家宅院开设私塾，为子侄后辈们开课授书。那时林家的私塾除了教授传统的四书五经之外，也教授在中国尚未被推广的自然科学、天文地理等学科。

当时请的老师里有著名的文学家、翻译家林纾[①]和中国著名的报人、新派名流林白水。同时，还聘请了一位加拿大人和一位日本人，教授孩子们英语和日语，以便在孩子们接受完中国传统的教育之后，将他们送到国外留学。林家的后人大都能诗会字，既可写一手漂亮的书法，又能说一口流利的英语或者日语。

其子林长民、林尹民、林觉民都曾先后东渡日本求学。林长民于1902年赴日本早稻田大学学习研究政治、经济；林尹民于1906年自费东渡日本，后又考取官费入日本第一高等医科学校；林觉民于1907年赴日，入庆应大学学习文科，专攻哲学，兼习英、德两国语言。

而他的大女儿林泽民、三女儿林嫄民、四女儿林丘民、五女儿林子民也都接受了良好的教育。她们都成为知书达理、博学优雅的女人。林徽因的大姑林泽民，是她幼年时的启蒙老师。

林孝恂的三个儿子后来都成为知名的革命进步青年。

林长民是推进民主政治的著名政客，后在一场革命运动中中流弹身亡；林尹民在广州起义中参加攻打督署，力杀十余人后中弹身亡，是“黄花岗七十二烈士”之一；林觉民是写下著名的绝笔信《与妻书》的作者，也因参加广州起义被俘虏后被枪杀，年仅24岁，也是“黄花岗七十二烈士”之一。

辛亥革命以后，清政府被瓦解。一般来说，一个时代发生巨变后，人往往会想要退却保全住自己现有的东西，为今后的生活

① 林纾（1852—1924），近代文学家、翻译家。他精通古汉语却不懂外文，靠着别人的口译，用文言文翻译了《茶花女》《鲁滨孙漂流记》《大卫·科波菲尔》等160多部西洋小说。林纾和王寿昌在合作翻译这一部《茶花女》的过程中，为“茶花女”本事所打动，他们的哭声之大，甚至在外面的人都能够听到。

谋一条退路。当时，大部分的朝廷官员都跑到乡下买田置地，林孝恂却去了中国风头最劲、最风雨飘摇的城市上海发展，带着全家移居到上海虹口区金益里，并入股成为商务印书馆的股东，努力又积极地适应着这个时代的变迁。后又因局势动荡，再从上海迁到北平。

在迁居北平不久之后的1914年，林孝恂因病去世。

每个家族都是有其独有的基因的。从强大的家族身上更能看出基因这种存在，往往家庭环境好、父母开明、被宠爱的孩子，性格大都天真、向上，充满勇气；反之则大部分敏感、颓靡、孤独，骨子里常常会带有毁灭和自我毁灭的情绪。这一点从民国的几大望族的后人如张爱玲、梁思成、林徽因、徐志摩的身上都有明显的体现。

像张爱玲的家族中，就带着一股颓废、奋不顾身的基因。张的父亲张志沂，也是一个聪明、风情的人，英文功底好到可以直接阅读英文读物。张爱玲写《摩登红楼梦》，张志沂还为之撰回目。但在大环境的更迭中，他选择了退回到旧时熟悉的生活中，日日沉迷于鸦片、赌博、纳妾。选择逃避自然是一条看起来最容易的路，但人生到了最后却只能是草草收场。母亲黄素琼却是不顾一切地离开了旧家庭，但她太急于离开了，以至于无法顾及子女的内心，等她再回头想要爱他们的时候，他们已经按照自己独特的方式长大了。

林徽因家族里则带着一股向上的、正向的基因。林长民与张志沂一样，都学习了旧时的四书五经。但林长民放弃了科举考试，选择去日本留学，成了新时代的开拓者，并与同时期的梁启超结为挚友。梁、林两大家族基因如此相像，以后结为亲家也在情理之中。

这样说起来，是不是徐志摩家族本来就带有一种多情的基因？

徐的父亲徐申如年轻时“在镇上交的女朋友，人数多得没法子从中挑选，而且东西南北每个方向各有一个”。

那个时候，整个世界都处在剧烈的变化中。在一部讲述1910年代英王乔治五世时代的英剧《唐顿庄园》中，就连最保守、最不愿意庄园现代化的管家卡森，看着不断涌入庄园的新事物与新思想，都不禁感慨：“也许人生的意义不在于稳定，在于变迁。”

那个时候的中国也是如此，新旧事物迅速地更迭、交替，适应不了新时代的人，就像没有搭上最后一波逃难船的难民一样，会被新时代永远地抛弃。

父亲和母亲｜月亮的正背面

林长民的一生是跌宕起伏的。

自小，他便同兄弟姐妹在林氏家塾中接受教育。21岁时，他中了秀才，但因他有更远大的志向，便放弃了后来的科举考试，在家苦修英文、日文，并于1902年远赴日本留学，入早稻田大学学习研究政治、经济。

在他留学期间，便是留学生中的风云人物。朋友对他的评价是：一有才，不仅学识渊博，且“善治事”；二有口才，善于辞令，滔滔雄辩；三有家财，常为朋友慷慨解囊；四有胆识，遇事肯担当，决无畏葸之态。关于他的慷慨，1920年，林长民带林徽因去欧洲时，在游轮上遇到一些去法国勤工俭学的中国留学生，他就曾给这些偶遇的学生们捐过钱。

1909年，学成归国的林长民先回家乡福建创办了福建二中，又赴北平出任北洋军阀段祺瑞政府司法部长。其间，他还参与草拟《中华民国临时约法》。

1919年，第一次世界大战结束后，中国作为战胜国参加了巴黎和会。在巴黎和会上，日本与英法两国密约，战后德国在山东的一切权益直接由日本继承。而出席巴黎和会的中国代表得到授意，准备签字。

当时的代表之一梁启超，将这一消息发电报给国内的林长民。林长民义愤填膺，在《晨报》发表了慷慨激昂的《外交警报敬告国民》，向毫不知情的国民揭露了徐世昌政府代表团试图在巴黎签署卖国合约的行径，引起国内民众的愤怒，随后，爆发了著名的五四运动。徐世昌以林长民蓄意制造混乱为名谴责林长民，林长民为免多方为难辞去了公职。林长民擅长书法，辞官后赋闲在家的一段日子里，便靠卖字获得一些收入。

林长民虽为官员、政客，却有儒雅的文艺气质和满腹才情。

关于他的外形气质，民国时期的掌故大家、自由撰稿人徐一士在《谈林长民》中这样描述："躯干短小，而英发之概呈于眉宇。貌癯而气腴，美髯飘动，益形其精神之健旺，言语则简括有力。"徐志摩也曾感慨其"清奇的相貌，清奇的谈吐"。

关于他的才情，最广为流传的便是同徐志摩的"一段情"。

两人在英国相识，曾经写出“万种风情无地着”的他，遇到了多情的徐志摩，并都颇认同罗素提出的爱情观点，于是很快成为好友。

当时不知谁先提议玩一个恋爱游戏，由林长民扮演有家室男子苣冬，徐志摩则扮已嫁少妇仲昭，两人角色扮演，互通情书，倾诉衷肠。林长民去世后，徐志摩写了一首悼念他的诗——《哀双栝老人》（林长民晚年号双栝庐主人），并将其中一封“情书”在他主编的《晨报副刊》上以《一封情书》为题发表，这段“恋情”得以曝光，这是其中片段：

入夜抵下关，微月映雪，眼底缤纷碎玉有薄光。……

寒甚，我已破裘淋湿，遍体欲僵。只有一念语昭，心头若有炽火，我增温度。……

又曰昭何人，我闻昭名，神魂几荡。……

再三诘问，我正告之曰，昭吾女友，吾情人，吾生死交，吾来生妻。……

我困极饥极，和衣躺下，一合眼间，窗纸已白。默祝有梦，偏偏不来。……

字里行间，可现一多情男子温柔细腻、热情炽烈的情感。徐志摩笑赞它为传世之作，说：“至少比他手订的中华民国大宪法有趣味有意义甚至有价值得多。”

林长民回国后的这些年，一直辗转于天津、上海、北平等多地。在 1921 年将全家迁到北平雪池胡同 2 号后，他将这处居所命名为

"雪池斋"，一直住到1924年。林徽因的少女时光便是在这里度过。

这是一条连着北海和景山两处皇家园林的街道胡同，清朝的皇家冰窖也在此胡同。据说清朝共在北京城建了18座冰窖，以便在夏日酷暑之时将里面存储的冰块运至紫禁城作为消夏降温或食物冷却之用。而雪池胡同的这座冰窖的藏冰是其中最为洁净的，大概也是受到此宝地的滋养，在这里度过少女时期的林徽因出落得冰雪聪明。

后来这处四合院几经易主，曾先后被改为监狱、民居、幼儿园，现在是一处敬老院。但居住在此地的工作人员和老人们显然已经并不知道林徽因是谁。斯人已去，仅空荡门楼里的那棵古槐和枝头上扑棱着翅膀飞上飞下的喜鹊，依稀可现往日气息。

父亲在外任职时，林徽因除了在离家不远的北京培华中学上学，还负责照顾母亲和同父异母的弟弟妹妹们，并要时常与父亲通信，告知家里的状况。从6岁起，林徽因便代祖父给父亲写家信。在同父亲一来一往的信件中，她已展露出最初的才华，以至于让林长民发出"做一个有天才的女儿的父亲，不是容易享的福，你得放低你天伦的辈分，先求做到友谊的了解"这样的感慨。也正因为如此，林长民不想让女儿的天赋埋没在一堆琐碎的家务事中，所以当他以"中国国际联盟同志会"驻欧代表的身份被公派到英国的时候，决定带上这个女儿同去。他在给林徽因的家信中这样写道：

我此次远游携汝同行。第一要汝多观览诸国事物增长见识，第二要汝近我身边能领悟我的胸次怀抱。……第三要汝暂时离开家庭烦琐生活，得扩大眼光养成将来改良社会见解与能力。

随父亲游历欧洲是林徽因生命中的一次重要事件。

每个有所成就的人，在生命中都会产生几次意识觉醒的时刻。这样的觉醒可以确定一个人对世界的认知和对自我的定位。

关于此次欧洲之旅，林徽因留下的文字很少。那个时期，她还没有开始正式写作，很多年后，她只对她的孩子们提过“穿过红海时的酷热难当以及在甲板上传来的阵阵乐声”。但随后的英伦生活，对林徽因一生都影响深远，她在这里阅读了大量的书籍，见识了各式各样的人和有趣的事物，培养了自己独立认知世界的能力，并确立了自己要当建筑师的理想。

在往后的人生中，她一直向着这个“初心”而努力。如果没有这段英伦生活，也就不会有后来的林徽因，她身上所散发的优雅气质，大概也是受了英伦女士的影响。你读过的书、走过的路、经历过的事，都隐藏在你的身体里，在一举手一投足间散发出来。她与父亲的感情，也是因为在欧洲时期一起生活而变得更加亲密，父女二人互为知己。

遗憾的是，1925年，林长民在一次革命事件中中了流弹身亡，只活了49岁。

就在去世前不久一次与徐志摩的聊天中，林长民透露了自己厌烦了政治生活的想法。他想在第二年便谢绝俗缘，不再参与政治时事，从此安心在家中亲自为还未成年的子女们授课，并将更多的精力用在他所喜欢的书法和写作上。

然而，意外却早来了一步。

当时林徽因还在美国读书。以那时的交通条件来讲，自然来不及回国为父亲料理后事。母亲何雪媛也一再叮嘱，让她在美国完成学业再回国。林长民的后事是由挚友梁启超操办的，办完林长民后事的林家只剩下 300 大洋了，也没有了其他经济来源，于是族人打算变卖房产。

平日里，有一位八面玲珑、卑躬屈膝的仆人常偷林长民收藏的字画卖掉换钱，所以最后是他以低价购得了林家房产，并以儿子结婚为由将原来的主人“请”了出去。

林徽因父亲林长民撑起的这个家，自此散落。

母亲何雪媛 | 月亮的背面

林长民结过三次婚，第一任夫人早逝，没有留下子嗣。

林徽因的母亲何雪媛是他的第二任夫人。何雪媛来自浙江嘉兴的小镇，是一户家境殷实的养蚕小作坊主的最小的孩子，大概因为是老幺受宠的缘故，她并未像旧时的女子那样自小学习女红，也不擅长操持家务，性格也有些执拗、任性，不太会处理人际关系。这个小家碧玉嫁入林家，与丈夫及婆婆的关系都不融洽。林长民与何雪媛结婚 8 年后才生下林徽因，后来他们又生了两个孩子，但都不幸夭折。本来关系就不太好的两个人，在经历了这些事情之后，关系愈加紧张。旧时的大家族，无论如何开明，没有儿子是万万不可的。从中国古代休妻的主要内容“七出三不去”中可以看出，其中“无子”便可休妻：“妇有七出，不顺父母去，无子去，淫去，妒去，有恶疾去，多言去，窃盗去。”

林徽因8岁时，林长民又娶了上海女人程桂林。当时的上海是个光怪陆离、新旧交替的城市，小脚与摩登高跟鞋、旗袍与时装、鸦片烟馆与威士忌酒吧并存。程桂林虽然不识一字，但受到上海这样的大城市的熏陶，见过世面，为人处世深得林长民父母之心。加之其性格乖巧，与林长民情投意合，亦深得林长民的宠爱。两人卿卿我我，你侬我侬，原本就风流倜傥、被称为“恋爱大家”的林长民，把他的柔情和浪漫，都给了程桂林。他从她名字中取“桂林”二字，自号“桂林一枝室主”来展示他们的幸福。本来应该是主角的何雪媛，站在一个尴尬的旁观者的位置，观看了一辈子。

林长民和程桂林婚后共育有三子一女——林燕玉、林恒、林暄、林桓。随着和程桂林的儿子林恒的降生，林长民与何雪媛的关系彻底进入冰河时代。林徽因则与母亲搬进了后院的房子里，那里光线暗淡，人烟冷清，几乎无人踏足，像极了何雪媛的一生。

这个世界上没有无忧无虑的人，每个人都有遗憾。虽然，林徽因自小便受到祖父母和姑姑们的宠爱，但因为父亲常年在外，又有一个不快乐的母亲，也不能算是集万千宠爱于一身的大小姐。

一个聪明伶俐、天才般的小女孩，表达欲望是强烈的，新的知识和脑子里面不时蹦出来的新奇念头，让她会希望向跟自己亲近的人表达。可以想到当时的画面：学了新知识的林徽因蹦跳着进入后院，正想与母亲分享，却看到母亲幽幽转过身来的那张不快乐的脸，瞬间就打消了什么分享的念头。

有时候，活泼的她会在放学后跑去前院与二娘以及同父异母的弟妹们玩耍。但回到后院，等到的一定是母亲的数落。

母亲在林徽因的生命中，就像月亮的背面。

林长民去世后，林徽因成了何雪媛唯一的依靠，也是她情绪的宣泄口。她一生中所有的不满和委屈，所引发的别扭性格，都只能由林徽因来承载。她们两个，一个是婚姻不幸福的旧时保守女人；一个是有着独立意识、欧美做派的新式女人。在性格方面，一个别扭，一个脾气急。就像何雪媛看不懂她的那些“欧美留学派”朋友的生活，以及她在朋友们面前的小型演讲，林徽因也受不了母亲别扭的性格。

有句话说：一个屋檐下只能有一个女主人。两个性格迥异的女人相处一室，可想而知是一场怎样的灾难。平日里，林徽因同她的“欧美留学派”的友人在一起时，一般会用英语或者法语交流，同用人们则讲普通话，只有同母亲在一起时是讲福建话的。在朋友们眼中，当林徽因讲福建话的时候，那基本上都是她不开心的时刻。

她们彼此都给了对方很多灾难性的时刻，林徽因常常写信给她的朋友说自己的苦闷：

最近三天我自己的妈妈把我赶进了人间地狱。我并没有夸大其词。头一天我就发现我的妈妈有些没气力。家里弥漫着不祥的气氛，我不得不跟我的同父异母弟弟（林恒）讲述过去的事，试图维持现有的亲密接触。晚上就寝的时候已精疲力竭，差不多希望我自己死掉或者根本没有降生在这样一个家庭……那早年的争斗对我的伤害是如此持久，它的任何部分只要重现，我就只能沉溺在过去的不幸之中。

……

我自己的母亲碰巧是个极其无能又爱管闲事的女人，而且她还是天下最没有耐性的人。刚才这又是为了女用人。真正的问题在于我妈妈在不该和女用人生气的时候生气，在不该惯着她的时候惯着她。还有就是过于没有耐性，让女用人像钟表一样地做好日常工作但又必须告诫她改变我的吩咐，如此等等直到任何人都不能做任何事情。我经常和妈妈争吵，但这完全是傻帽和自找苦吃。

……

林徽因的朋友们为了让她开心起来，曾经提议让她们母女分开来住，但这件事不了了之，她们虽然常常吵架，却并非不相爱，谁离开谁，也会互相挂念着。

林徽因去世后，何雪媛随梁思成和孩子们一起生活，吃斋、修佛。在太平时期，偶尔也会像在少女时期在父母身边一样，养蚕作为消遣，这些都是她晚年缓解苦闷情绪的出口。再执拗的何雪媛也深知，她所能为难的人，只有自己的女儿林徽因。

1972 年，90 岁的何雪媛度过了她漫长的一生，病逝于北京。

林徽因对父母的感情是复杂的，林徽因的儿子梁从诫说：

“她爱自己的父亲，却恨他对自己母亲的无情；她爱自己的母亲，却又恨她不争气。”

林徽因后来写了一篇小说《绣绣〈模影零篇四〉》，小说最后以绣绣的朋友“我”的口吻写道：

那时我对绣绣的父母两人都恨透了，恨不得要同他们说理，把我所看到各种的情形全盘不平地倾吐出来，叫他们醒悟，乃至于使他们悔过。却始终因自己年纪太小，他们的情形太严重，拿不起力量，懦弱地抑制下来。但是当我咬着牙毒恨他们时，我悟到此刻在我看去无疑问的两个可憎可恨的人，却是那温柔和平的绣绣的父母。我很明白即使绣绣此刻有点恨着他们，但是缔结在绣绣温婉的心底的，对这两人到底仍是那不可思议的深爱！

“对这两人到底仍是那不可思议的深爱”，这大概也是林徽因心底最深处对于父母的感情吧。

公爹梁启超｜他是个操碎了心的好爸爸

与林徽因比起来，梁思成在家庭中得到的关爱更多一些。林徽因虽然也是林家的掌上明珠，但因父亲林长民在她 2 岁的时候就去日本留学了，回国后，林长民又忙于事业，在不同的城市间奔波，与林徽因相处的时光并不算多。只有在欧洲时期，父女二人曾经密集地相处了一年多。大部分的时间，林徽因都是与性格执拗、阴霾的母亲一同生活，那是她心头上一道抹不去的阴影。

而梁思成得到的来自家庭的爱简直是 360 度无死角的，因为他有一个双鱼座、温柔细腻的爸爸梁启超。梁启超不但心思细腻还很会赚钱，在戊戌变法失败后，流亡日本的梁启超，便和老师康有为创办了“广智书局”和“新民丛报社”。他以“提供文稿”

的形式入股，占了三分之一股份，一年时间内，便分了上万银圆；1912 年从日本回国后，梁启超更是开启了全面的赚钱模式。出任司法总长时，袁世凯每月给他的津贴是 3000 元，还答应他组党资助 20 万元。他在给大女儿梁思顺的信中写道：“吾若稍自贬损，月入万金不难。”

年末，他又在天津创办了《庸言报》，第一号便印了一万份，第二年，每号印两万，每年可分得“五六万金耳”；1918 年底，他退出政坛，游历欧洲，回国后出任清华国学研究院导师，每月 400 元大洋。

在当时，普通的职工收入是月薪 8 块钱左右，教授的收入 200 块左右，不过这对于他来说都只是小钱——他一生著述达一千四百万字，其中在商务印书馆出版的著作版税高达 40%，平时在杂志发表的文章也是拿当时最高的千字 20 元的稿费。他还颇具投资眼光，不只是投资文化报业，还投资入股实业矿业，收入也非常可观。他是民国文人中名副其实的大富豪，为他的 9 个子女提供了优渥的物质环境。梁思成算是个标准的富家子弟了。

梁思成在日本出生，幼时，和家人一起住在日本须磨（Suma）一座拥有大花园的海边别墅里，身边有温柔细语的日本仆人陪伴；11 岁时，他随父亲回到中国，一家人住在天津的一栋三层白石的意式建筑里，梁启超著名的“饮冰室”便是建在这栋房子旁边，是意大利设计师白罗尼欧专门为其设计的；搬到北平之后，又有越来越多的家人、亲戚的孩子、仆人，一大家子二三十人，住进了紫禁城旁边的四合院里。

梁父除了提供优渥的物质环境，对他们的内心、学业、恋爱、婚姻简直是无微不至地守护、雕琢着，如雕塑家之于他的作品。梁启超以“宝贝”“小乖乖”来称呼他的子女，称最小的儿子梁思礼为“老白鼻（老baby的意思）”，他从不吝啬告诉孩子们“我爱你”。

梁思成在美国宾夕法尼亚大学建筑系读书时，课程排列非常密集：素描画、水彩画、建筑设计、建筑绘图、建筑史、油画史、雕塑史、画法几何学、透视学、建筑结构学、木工、石工、建筑环境学、采暖通风、英文写作、英国文学史、初级法语、代数、微积分。

每周光上课时间就有40多个小时，画建筑图的时间更是长达60小时，并且都是不断重复的练习。他写信给父亲抱怨说：“怕这样下去，自己会变成只知绘图的匠人。”我想即便是现在，如果接到这样的信，大概有一半以上的父亲会训斥自己的孩子不懂事的吧。但是梁父却回信说：

“你有这种感觉，便是你的学问在这时期内将发生进步的特征，我听见倒是喜欢极了。”

梁启超又担心梁思成太过于专注专业的学习，日常的生活会变得枯燥，一直都提倡“趣味生活”的梁启超又建议他找些时间学习一些音乐、文学、美术等方面的知识，以便娱乐自己，让自己的人生过得更加有趣一些，又写信叮嘱道：

太单调的生活，容易厌倦，厌倦即为苦恼，乃至堕落之根源。

我这两年来对于我的思成，不知何故常常像有异兆的感觉，怕他渐渐会走入孤峭冷僻一路去。我希望你回来见我时，还我一个三四年前活泼有春气的孩子，我就心满意足了。

有次，梁思成因为学业繁忙，回信慢，隔了三个多月才回，终于接到回信的梁启超有种如释重负的感觉，写信给梁思成一番叮咛：

你们须知你爹爹是最富于情感的人，对于你们的爱情，十二分热烈。你们无论功课若何忙迫，最少隔个把月总要来一封信，便几个字报报平安也好。你爹爹已经是上年纪的人，这几年来，国忧家难，重重叠叠，自己身体也不如前。你们在外边几个大孩子，总不要增我的忧虑才好。

梁思成和林徽因初到美国求学时，两个人因为性格差别太大，总是吵架。在新鲜、自由的环境里，林徽因外向、天真、健谈的性格得到释放，在同学中颇受欢迎，常常与同学结伴外出玩耍；梁思成则内敛，专注于学业，比较“宅”。林徽因想要梁思成陪她一起出去玩，梁则希望她能够用更多的时间陪伴自己，为此两人没少争吵。梁苦恼，把他们吵架的事情说给姐姐梁思顺听，此事传到梁启超那里，他评论道：

今年思成和徽因已在佛家的地狱里待了好几个月。他们要闯过刀山剑林，这种人间地狱比真正地狱里的十三拷问室还要可怕。但是如果能改过自新，惩罚之后便是天堂……其实我们大家都是在不断再生的循环之中。我们谁也不知道自己一生中要经过几次天堂和几次地狱。

他的这番话与大约一百年以后美国影星布拉德·皮特的前妻詹妮弗·安妮斯顿对于婚姻的看法，几乎如出一辙。安妮斯顿说：

婚姻中最艰难的时刻往往是你想追求一种完美的境界，但那是可笑而不现实的。婚姻最神奇之处在于，在经过了那么多漩涡和波浪后，站在你身边的还是同一个人，你仍然深切地感受到，自己爱着对方。每次争执，总能让你们重新相遇，重新相知，重新相爱，在婚姻中，你们再展开一段新的婚姻，如此永远延续，没有终点。

只不过，布拉德·皮特与詹妮弗·安妮斯顿活在一个任性年代中最任性的圈子里，婚姻仅仅维持了4年。

林徽因和梁思成订婚时，两位新人并不在场。他们当时还在美国读书，梁启超在北平为他们准备订婚仪式，一边筹备，一边给在美国的他们写信：

思成，这几天为你们聘礼，我精神上非常愉快，你想从抱在怀里的“小不点点”（是经过千灾百难的），一个孩子盘到成人，品性学问都还算有出息，眼看着就要缔结美满的婚姻，而且不久就要返国，回到我的怀里，如何不高兴呢？

今天的北京家里典礼极庄严热闹，天津也相当的小小点缀，我和弟妹们极快乐地玩了半天。想起你妈妈不能小待数年，看见今日，不免有些伤感，但她脱离尘恼，在彼岸上一定是含笑的。除在北京由二叔正式告庙外，今晨已命达达等在神位前默祷达此诚意。

梁启超信中所说的“经过千灾百难”，是指梁思成17岁出的那次严重车祸。在车祸后，他写信给大女儿描述当时的情景，当他看到浑身是血、脸色苍白的儿子的时候，说：“这时候，我的心差不多要碎了。”

梁思成与林徽因的结婚典礼在加拿大举行，在举办婚礼之前，远在北平的梁启超写信给他们叮嘱道：“有一件事要告诉你们，你们若在教堂行礼，思成的名字便用我的全名，用外国习惯叫‘思成·梁启超’，表示你以长子资格继承我全部的人格和名誉……”多么面面俱到和自恋的父亲啊。

除此之外，梁启超在遥远的北平为他们安排了最时髦的旅行结婚，旅行的地点也不是随随便便选个当时热门的景色优美的地方，而是为他们定制了一条“欧洲古典建筑之旅”，这次建筑之旅对于热爱建筑的两个人来说简直就是一场饕餮盛宴。

你们最主要目的是游南欧，从南欧折回俄京搭火车也不太经济，想省钱也许要多花钱。我替你们打算，到英国后折往瑞典、挪威一行，因北欧极有特色，市政亦极严整有新意（新造之市，建筑上最有意思者为南美诸国，可惜力量不能供此游，次则北欧特可观），必须一往。由是入德国，除几个古都市外，莱茵河畔著名堡垒最好能参观一二。回头折入瑞士，看些天然之美，再入意大利，多耽搁些日子，把文艺复兴时代的美，彻底研究了解。最后便回到法国，在马赛上船，（到西班牙也好，刘子楷在那里当公使，招待极方便，中世及近世初期的欧洲文化以西班牙为中心）中间最好能腾出时间和金钱到土耳其一行，看看回教的建筑和美术，附带着看看土耳其革命后的政治。

简直事无巨细。

梁思成与林徽因在美国求学期间，先是梁思成的母亲李蕙仙因为乳腺癌去世，后是林徽因的父亲林长民在一场革命运动中不幸身中流弹而亡。但当时交通不像现在这般便利，从费城到北平需要辗转很多时日，即便家人去世，也是来不及赶回。梁启超写长信给林徽因希望她能克制住悲伤的情绪，不要因为此事伤了身体，他写道．“人之生也，与忧患俱来，知其无可奈何，而安之若命。”

林长民去世后，林家失去了主心骨，林徽因的学费也面临中断。林徽因想中断学业提前回国，或者在美国打工以赚取学费，但梁启超写信给梁思成让他开导林徽因并照顾她的情绪，劝她在美国完成学业再回国：

徽音遭此惨痛，惟一的伴侣，惟一的安慰，就只靠你。你要自己镇静着，才能安慰她……你可以传我的话告诉她：我和林叔叔的关系，她是知道的，林叔的女儿，就是我的女儿，何况更加以你们两个的关系。我从今以后，把她和思庄一样的看待她，在无可慰藉之中，我愿意她领受我这种十二分的同情，渡过她目前的苦境。她要鼓起勇气，发挥她的天才，完成她的学问，将来和你共同努力，替中国艺术界有点贡献，才不愧为林叔叔的好孩子……学费不成问题，只算我多一个女儿在外留学便了，你们更不必因此着急。

梁启超非常喜欢林徽因这个儿媳，他很得意自己撮合的这桩婚事，在写给梁思顺的信中这样说：

徽音我也很爱她，我常和你妈妈说，又得一个可爱的女儿。

在梁思成和林徽因结婚旅行期间，梁启超写信给他们，希望他们能将旅途中的趣事讲给他听，末了，写道："我尤其希望我的新女儿能写信给我。"那时，林徽因21岁，她性格中稳定的一面想必也是受到梁父的影响。

梁思成和林徽因去美国之前已陷入热恋，但当时的徐志摩对林徽因不死心，常常找各种借口接近林徽因。梁启超知道此事后，亲自给他的爱徒徐志摩写信保护梁思成和林徽因这一对情侣不受打扰，他写：

其一，万不容以他人之痛苦，易自己之快乐。弟之此举，其与弟将来之快乐能地与否，殆茫如捕风，然先已予多数人以无量之苦痛。

其二，恋爱神圣为今之少年所乐道。……兹事亦可遇而不可求。……况多情多感之人，其幻想起落鹘突，而得满足得宁贴也极难，所想之神圣境界恐终不可得，徒以烦恼终生而已耳。

当然，徐志摩也不是那么好说服的，他回道：

我将于茫茫人海中访我唯一灵魂之伴侣；得之，我幸；不得，我命，如此而已。

这位父亲真是操碎了心，最后，连梁启超本人都陶醉了，得意地说：

像你有我这样一位爹爹，也属人生难逢的幸福。

其实，梁启超在为梁、林二人筹备结婚典礼和制订蜜月旅行计划时，已经患病。而且在梁、林回国前已经做了肾脏摘除手术，但为了不打扰这对处于甜蜜中的新人，他隐瞒了病情。在养病期间，还担心这对在外刻苦学习了7年，学成归来的新婚夫妻，在中国无用武之处而产生心理落差和失落感。因为当时的中国尚无建筑学，梁思成和林徽因是中国近代建筑学的开拓者。在他们未回国之前便写信抚慰他们：

即使一时找不到合适的工作，也别灰心丧气，这不是人生中最可怕的敌人。

他一边抚慰他们，一边又为两个人的工作的事情奔波。所以梁、林回国后，有两个工作选择——在北平的清华大学或者沈阳的东北大学，不过不管选择哪个学校，都要从无到有创办一个建筑系出来，梁启超建议他们去沈阳的东北大学，他觉得：

那边的事业将来大有发展的机会，比温柔乡的清华园强多了。但现在总比不上在北京舒服，我想有志气的孩子，总应该往吃苦的路上走。

到了沈阳之后，两个年轻人为东北大学投入了极大的热情，林徽因设计的东北大学的校徽，还得了400大洋的奖金。也是在沈阳的寒冷、艰苦、动荡的环境下，他们确立了更明确的目标——研究中国古建筑史。但在他们去沈阳不久，在1929年1月19日，梁启超突然病逝了，这件事情发生得如此之快，给还沉浸在喜气中的梁思成夫妇和梁家一个巨大的打击。直到40年后，梁思成及其家人才知道，当年父亲的手术，是因为护士的标记失误和主治医生的大意，误将梁启超那颗健康的肾切掉了。只不过为了保全协和医院的名声，这件事情成为当时的一个机密。据说，那次失误之后，那位刘姓医生辞去了外科医生的职务，去了国民党政府卫生部当政务次长，从此再也没有碰过手术刀。

梁家父子都毁在医生的误诊上，梁思成年轻时的那场车祸，也是如此。梁思成最初被送进医院时，医生诊断他腿部的伤不是很严重，等到再发现其实伤情很严重时，已经错过了最佳治疗期，使原本可以彻底治愈的腿略带残疾，后半生不得不背着重重的铁质校正马甲生活，让需要行走在乡野间考察古建筑的梁思成受了诸多痛苦。

在优渥的环境中的梁思成没有成为纨绔子弟，而长成一个专注于建筑学，谦逊、有趣又执着的人，毕生致力于中国古代建筑的研究和保护，并成为享誉世界的建筑师，父亲梁启超的教育功不可没。梁思成的美国朋友费正清说他“在任何情况下都像贵族那样的高贵和斯文”。某次，他和林徽因以及好友费正清夫妇在山西考察，遇到一位少校，少校被梁思成的绅士风度以及良好的家世所折服，一定要带他们一起游览小镇。大概在民风粗狂、悍匪出没的小镇，能遇到一个真正的令人感到赏心悦目的绅士实属不易。

一个在温暖的家庭中长大的人，一生中，眼神里都会散发出爱和包容的光。在梁思成和林徽因长达 27 年的婚姻里面，向来都是梁思成包容着急脾气的林徽因。

梁启超去世之后，梁思成与林徽因亲自为父亲设计了墓碑，立于北京香山卧佛寺，并为了纪念父亲，将自己的第一个孩子起名为“再冰”。

◎ 中 卷 ◎

人生：女神的迷思和壁垒

壹

迷思｜她只是活得很用力

像斯嘉丽一样去奋斗

某次与闺中密友谈到爱情、谈到林徽因，她说：“我的爱情是从野路走过来的，从没有人引导过，对于婚姻大事，家里人只会催促，如果敢提‘爱情’这个词，肯定会被家里人笑掉大牙，好在一路跌跌撞撞走到今天，还算是幸福。”

我们大部分人的爱情模式大致会如我这位女友。她还算幸运儿，还有很大一部分女人则仍然在爱情的河里挣扎，试图找到河岸。

她继续说：“你看林徽因，有那么多眼光开阔的家人保驾护航，人又聪明，所遇的男人对她也是小心翼翼倍加呵护。怪不得最近几年，很多女人提到她，会用当下流行的一个不好听的网络新词形容她，说她是将男人玩弄于股掌之上的心机女子。不过这种话听着就让人觉得充满嫉妒。如果林徽因还在世，大概又要送给说她坏话的人陈醋尝尝。”

在杭州西湖的“花港观鱼”公园有座纪念林徽因的青铜透雕像。那是 2006 年，杭州市政府为了纪念出生在杭州陆官巷的她，请清华大学建筑学院专门设计建造的。在西湖岸，常见被一帮游客簇拥着的导游这样介绍：

想听民国最著名的三角恋的故事吗？请跟我来！你们面前的雕像就是大美女林徽因！她是梁思成的老婆，梁启超的儿媳妇，徐志摩的情人，金岳霖的梦中情人，国徽也是她参与设计的……为了她，徐志摩把婚给离了，结果她却嫁给了梁思成！徐志摩一伤心，娶了个陆小曼，后来又忍不住坐飞机去看林徽因，结果飞机失事，摔死掉了……

她的人生总会被那三段情蒙上一层暧昧、香艳的纱，人们提起她，往往寥寥数语，肤浅又草草了事地概括了她的一生。不曾想，这个妙龄少女雕塑的真身是被学生们尊敬地称为“林先生”“林教授”的女建筑师。她晚年病重居于清华园时，清华大学总务室更是贴心地在林的居所外面立起一个牌子，上面写着：

这里住着一位病人，遵医嘱她需要静养，过往行人，请勿喧哗。

的确，最初的最初，林徽因三个字给我的印象是：有足够时间发呆的贵族小姐，同那个时代最出名的几位儒雅男士谈情说爱的女子，闲来便写点文字聊以打发掉一些无聊时光的“名媛”。出国留学只是当时大家族小姐为自己刷的一层时髦的“釉子”，建筑的职业也不过是她某次心血来潮的选择。她应该似小说中的人物，活得无忧无虑。

后来，细读她写的文字，看她写给朋友的书信，和她的朋友写的回忆她的文字以及观看关于她的纪录片，这种印象在一点点改变，脑子里面不时地跳出《乱世佳人》里面美丽、勇敢、俏皮、任性的斯嘉丽。她们有诸多相似之处：

一个是从前只知跳舞、恋爱、引得男人为之争风吃醋的女子，最终成长为一个冒着炮火回到南方家园，重建因战争毁掉的家，照顾之前曾经照顾过她的家人和朋友的女人。

一个是16岁便游历欧洲又在美国度过无忧无虑学校生活的女子，最终成长为在一个大部分人还不知道何为“建筑”的国度，一路踏着泥泞小路，提防着乡野匪徒，三餐不饱，寻找中国古代建筑的女建筑师。

在生活中，她们都是勇敢的女人。除此之外，斯嘉丽的勇敢更多是体现在爱情中，而林徽因的勇敢则主要在她热爱的建筑中。

看林徽因的一生，不会感到绝望。就像我在看电影《乱世佳人》的时候，在战争中走投无路的斯嘉丽为了讨好白瑞德，扯下翠绿色的大鹅绒窗帘为自己做了一身华丽的大裙子，打扮一新地去找白瑞德让他帮她解决眼下的困难，被拒绝失望而归的时候，我心里一点儿也不绝望，因为觉得，你可是斯嘉丽啊，你一定有办法走出困境的；当电影的最后，白瑞德因为感到自己不是斯嘉丽心中真正所爱而选择离开她的时候，即便结尾已经打出了THE END的字幕，我都没有绝望，心里说，你可是斯嘉丽啊，你一定是会把他追回来的。林徽因也常常给我这样的感觉。

但凡有所成就的女人都不是只凭美貌，或者在男人面前耍些手段便可得来。林徽因便是那种“比你聪明比你出身好还比你努力的女子”，一“出厂”就配置很高，加之一路不断升级，在无形中给了同时代的女人很大压力。就连风华绝代的陆小曼也被逼得说出“看看吧，我拼着我一生的幸福不要，我定要成个人才”这样的话。

出身的部分就算读一万遍她的传记也学不来，聪明和努力倒是可以借鉴。不过愚笨如我，穷其一生，大概也 get 不到她的精华部分。当一个聪明、出身又好的人突然努力起来，所爆发的力量是很可怕的。在英国有一位叫默奇森的贵族，他的前半生花了近 30 年时间来骑着马打猎追赶狐狸，用猎枪把空中飞行的鸟儿变成一簇簇飘扬的羽毛。除了阅读《泰晤士报》和打一手好牌以外，他没有显示出任何会动脑子的迹象。然后有一天，他突然对岩石发生了兴趣，从此一心扑在岩石的研究上，并以吃惊的速度一跃成为地质学思想界的巨人。一旦心里那个沉睡的理想被唤醒，会在心里爆发出宇宙大爆炸一般的能量。

异常艰苦的建筑师路

林徽因 5 岁起，便随姑母林泽民修习诗文，姑母教得她一手王羲之体小楷。12 岁那年就读英国知名的传教士、汉学家、教育家苏慧廉创办的北京培华女子中学，打下了良好的英文基础。在伦敦期间，又入当地学校学习英文，她的英文水平连她的好朋友美国人费正清也感叹：“常常使我们这些以英语为母语的人都感到羡慕。”1935 年，林徽因在曹靖华、周作人、朱光潜等执教的国立北平大学女子文理学院外语系教英国文学，每周上两次课，全程都用英语讲课，因其英文流利、悦耳，人又亲切，每次上课都会引起轰动。

16岁，林徽因随父游历欧洲期间，阅读了大量的英文原版文学作品。起初只是为了学习英文，渐渐地，那些故事也影响了她的人生、爱情态度。她曾说过“看了太多的小说我已经不再惊异人生的遭遇”这样的话，显然这在某种程度上塑造了日后她自信、淡定的性格。也是在欧洲生活期间，她立下了要当建筑师的梦想。一个女人，在还没拥有爱情和看清自我之前，有三件事是重要的：旅行、读书、掌握一门外语。这三件事情不管放在哪个年代都适用，而林徽因18岁之前都已完成。

即便在世界几乎大同的今天，我们去国外旅行，见识到世界各地不同的人、不同的生活方式、不同的文化，心灵也会被震撼，何况对于100多年前的中国人，那种意识形态的差异更是天壤之别。在那个年代出国留学的年轻人，后来大都成为某个领域的大师级的人物。

20岁那年，当她带着“建筑师”的“初心”，千里迢迢远渡重洋来到美国费城，兴致勃勃地要报考宾夕法尼亚大学建筑系的时候，却失望地发现，建筑系根本不收女生。理由是：建筑系的学生经常加夜班绘图，女同学无人陪伴，不甚方便。她只好用了曲线救国的迂回方式先报考了美术系，然后旁听建筑系的课程。但到了第二年春天，她竟然打破校规成为建筑系助教，美术系的学生成为建筑系的助教，不知道她是如何达成这个目标的。三年后，她以高分拿到了美术学士的学位，并且旁听了建筑系所有的课程，接受了一个建筑师所需的所有训练，四年的学业三年便已完成。在宾夕法尼亚大学的学生档案中显示，她每一门学科的成绩都是 Distinguish（杰出）。她又因活泼、开朗的个性成为宾大备受瞩目的人物。她的美国同学曾经写了一篇关于她的报道，在美国当地的报纸上刊登，那篇文章这样写道：

她娇小的身子弯下腰，画那些巨大的建筑图，每次三十到四十张图一起挂在评分室的时候，她总是得到很高的奖赏，她的作业总是拿第一，偶尔第二。

提前结束了宾夕法尼亚大学的学习之后，趁着还有一年留在美国的时间，她又转去耶鲁大学戏剧学院，在 G.P. 贝克教授的工作室学习了半年舞台设计，成为中国第一个在国外学习现代舞台设计的女留学生。虽然只修了半年，但在此期间，她参与了很多场 G.P. 贝克教授的舞台设计实践，常常为了一个舞台道具东奔西跑，去美国人的商店或邻居家里借。

自林徽因选了建筑师作为终生职业以后，几乎就和安逸的生活说再见了。20 世纪 30 年代的中国，人们对于“建筑”这个词还是很陌生的。虽然中国的建筑，无论外表还是其合理的结构都已被世人称奇，但中国人自己却对此了解甚少，对建筑的认识，大部分人还停留在“盖房子”的初级阶段。林徽因与梁思成在欧洲蜜月旅行时，看到很多关于欧洲建筑的专业书籍，但在中国，却几乎没有人关注本国的建筑。而当时一些痴迷中国建筑的国外学者，如日本的伊者忠太、关野贞等，已经开始在中国搜集资料，并出版了一些关于中国建筑的书籍，这些事情深深刺痛了他俩。

30年代，他们加入了朱启钤的营造学社[①]后，便时常同营造学社的同事们踏上去乡野寻找古建筑的艰苦旅程。她虽穿着旗袍，却像个男人一样爬上年久失修、住满臭虫、潜伏着大群蝙蝠的寺庙的横梁，记录、测量、拍照……期间还要躲避军阀混战，常常走着走着，铁路就中断了。有时候，到了晚上，他们会直接在考察的庙宇里支起床铺休息，躺到床上的时候，可以继续盯着上方的梁柱思考白天未想通的问题。这样艰苦的乡野考察，在她的建筑师生涯中，几乎没有断过，他们考察的大都是“与寻常都市相较，至少有两世纪的分别”的小县城。

她曾这样记录道：

行三公里雨骤至，避山旁小庙中。六时雨止，沟道中洪流澎湃，不克前进，乃下山宿大社村周氏宗祠内。终日奔波，仅得馒头三枚，晚间又为臭虫蚊虫所攻，不能安枕尤为痛苦。

每去一处都是汗流浃背的跋涉，走路工作的时候又总是早8点至晚6点最热的时间里，这三天来可真真累得不亦乐乎，吃得也不好，天太热也吃不下，因此种种，我们比上星期的精神差多了……整天被跳蚤咬得慌，坐在三等火车中又不好意思伸手在身上各处乱抓，结果浑身是包！

这怎么看都像一部民国版的《荒野求生》，要知道，那个时候，中国的大部分女人还缠着小脚呢。而全国仅有几个大城市之间通

① 这是一个以中国古建筑和建筑科学为研究对象的民间学术组织，在中国建筑史上影响深远。

火车，卡车这样的机动车辆也不常见，到了县城和农村就只能靠坐着骡车、骑着毛驴赶路，或者用自己的双脚走一段又一段崎岖的路，在某个不起眼的荒郊野外发现有价值的古建筑。

从1930年到1945年，林徽因同梁思成和营造学社的同事共同走了中国的15个省、200多个县，考察测绘了200多处古建筑物，发现了大量不同朝代遗留下来的建筑物，很多古建筑就是通过他们的考察得到了全国、全世界的认识，从此被加以保护，比如：赵州桥、应县塔、佛光寺。他们一边考察，一边撰写了大量有价值的关于中国古建筑的著作，是中国建筑史一笔宝贵的财富。

位于五台山的佛光寺是林徽因和梁思成最伟大的发现，打破了日本给中国的建筑下的一条死定论：中国已没有唐代时期的木构建筑，要看中国唐代木构建筑，就只能去日本的奈良、京都。当林徽因、梁思成和同事们在五台山经过几天几夜缜密的分析之后，远视眼的林徽因看到了横梁上模糊的小字：女弟子宁公遇、唐大中十一年。帮助大家更进一步地确定了佛光寺是唐代的木构建筑，梁思成惊喜地记录道：

（建庙宇的）施主是个女的，而这位年轻的建筑学家，第一个发现中国最珍稀古庙的也是个女人，显然不是偶然的巧合。

因为这一发现，兴奋的营造学社的同事们便开始进一步的研究，梁思成写道：

我们一连测量、绘图和用闪光灯拍照了数个小时。当我们最后从屋檐下出来，吸到新鲜空气的时候，发现背包里竟有上百只臭虫。我们自己也已经被咬得伤痕累累了。

终于，这座建于公元857年的唐代寺庙，光彩被湮没了千年之后，因着林徽因和梁思成对于中国古建筑的执着和扎实的建筑知识，真容重现，轰动了中外建筑学界。2009年，佛光寺作为五台山的一部分被联合国教科文组织以文化景观的名义列入世界遗产名录，并被誉为“亚洲佛光”。

然而，伴随着发现唐代木制建筑的狂喜，中日也正式开战了。

在中日还未正式开战的时候，她便因为日本人对中国建筑研究的蔑视，曾写信给朋友表达过对于日本人的痛恨：“这种工作在国内甚少人注意关心，我们单等他的测绘详图和报告印出来时吓日本鬼子一下痛快，省得他们目中无人以为中国好欺侮。”

中日正式开战后，她和梁思成学成归国后任教的第一所大学——东北大学被日本人强行关闭。不久，她和家人也被迫离开北平安逸的家，一路躲避着日军的轰炸，踏上异常艰苦的逃难之路，在1937年10月给沈从文的信中写道：“把中国所有的铁路都走了一段……从天津到长沙共计上下舟车十六次，进出旅店十二次。”

其中1937年11月与1939年1月所经历的两次轰炸，全家人都险些丧命于日军的炮弹之下。她最爱的弟弟林恒，也是因为所驾驶的战机与日军作战而亡。也因为中日战争，林徽因和梁思成不得不在逃难之前，把一些关于中国古代建筑的珍贵资料存放到天津租界的外国银行，却因为一场大水，所有珍贵资料都被浸坏，已经逃至昆明的他们，听到这样的消息之后悲痛大哭。

如果没有日本的侵略，这些悲痛的经历她都不需要承受。她的人生被战争耽误了太多，要不然，以她饱满的生命力会做出更多成就，她痛恨日本的侵略，曾不止一次地称呼他们为“Japs[①]”。但在1945年，二战即将结束时，时任清华大学建筑系教授的林徽因受美军邀请，在即将执行日本轰炸任务的美军地图上标出可免于轰炸的著名的文化古迹位置——京都和奈良。

随后，日本有近200座城市遭到盟军的猛烈轰炸，唯独有众多古寺神社和历史文物的京都和奈良毫发未损，轰炸机越过这两座城市，没投一颗炸弹，便飞走了。所以，在今天的京都和奈良，我们才得以瞻仰到众多保存完好、令人惊叹的千年古代建筑，欣赏到千年之前的匠人们精湛的技艺。京都和奈良几乎是亚洲古代建筑最多的城市。

在那样的非常时期，她做了最理性的决定，她对建筑的情感，远远超越了个人的爱恨情仇。在她去世几十年后，梁从诫在日本演讲，提及此事，在场的所有日本人都沉默地低下了头。

新中国成立后，当她听说新政府要拆掉北京城内的古建筑的时候，当时已经患病多年、嗓音已经不如从前明亮的她，跑到当时的北京市委书记彭真的办公室争取保留这些古建筑，她说：“你们真把古董给拆了，将来要后悔的！即使再把它恢复起来，充其量也只是假古董！”果然被她言中，我们现在去拜访一些庙宇，或者去所谓的古城，看到的很多建筑都是刷着新漆的，那些看似“古老”却经不起推敲的建筑形式，只能称之为复古。

① 蔑称，日本鬼子。

现在的北京城，大部分都被她觉得丑陋的“方格”建筑替代了，她和丈夫梁思成心中理想的北京城应该是“完整保留老北京城，新的政府行政区，放在北京西郊月坛和公主坟之间建设”。林徽因爱中国的古建筑，爱着北京，即便见识了世界各地各种雄伟又著名的建筑后，她也以中国的古建筑为豪，她曾经对友人这样谈论北京的街道：“北京的街道原来是很宽的，清末以来被民房逐渐侵占越来越狭了。所以你可以想象当年马可·波罗到了北京，就跟乡巴佬进城一样吓蒙了，欧洲人哪里见过这么伟大气魄的城市。”林式幽默间透着自豪。

然而，那时的中国执政者，没有几个人欣赏中国古建筑的美，他们想要建造一座“从这里（天安门城楼）望过去，要看到处处都是烟囱”的城市。那几年，她眼睁睁看着最外层的北京城、左安门、庆寿寺双塔被拆除、一直到她病得最严重的时候，还不停地传来哪座古建筑被拆、哪条胡同被拆的消息。她没少为这些建筑流泪，她所能做的，就是在它们被拆除之前，去工地再看它们最后一眼。

她不能理解当时执政者的行为：“为什么我们在博物馆的玻璃橱里精心保存几块残砖碎瓦，同时却把保存完好的世界上独一无二的古建筑拆得片瓦不留呢？”她病重后期，拒绝吃药治疗，一是因为丈夫梁思成因为极力维护古建筑的思想被批斗，二是因为她挚爱的古建筑一座座被拆除，并且眼看着更多的古建筑也即将不保。她生命中的两样挚爱都在遭受不公平的命运。性格耿直、刚烈的她，看不到任何希望，这是林徽因生命中少有的产生悲观情绪的时刻。她去世后，北京古建筑遭遇了近乎是毁灭性的命运，中华门、永定门、广渠门、广安门、朝阳门、右安门、东直门、宣武门、崇文门、安定门、阜成门、西直门、元城墙等都在随后的几年全部被草草毁掉。她要是看到，更是会痛心疾首。

所幸，她当时的“保护文物”的前瞻的观点，到了今天总算被重视起来，从前尚未拆除的古老建筑物大都被妥善地保护起来，也算是对她的一种安慰了。

自我成长是一生的路

我在看她这些思想、行为的时候，斯嘉丽的身影不时在眼前晃。她们都有着无忧无虑，甚至非常富足的少女时光，战争打乱了一切，她们不得不离开安定的环境，舍弃优越的生活，过着颠沛流离的日子。一向被父亲宠爱的斯嘉丽挽起了袖子，亲自下地耕种；娇小的林徽因则为了她挚爱的古建筑四处奔波。

她们就像两株生机勃勃的耐寒植物，即便在最荒凉的岁月，也没有露出颓靡的气息，反而苦中作乐，以此度过寒冷的季节，将生命活成更充沛的模样，开出好看的、散发着愉悦气息的花朵。她们享受过人生的欢乐，也经受过人生的苦难，书写着一个弱小女子到伟大女性的成长史，而自我的成长是女人一生的路。

其实，她是锦衣华服也受得起，风餐露宿也过得去：她可以穿着全套的马术服成为潇洒的女骑士，也可以骑着小毛驴在颠簸的山间小路做田野调查；她可以穿白色的绸袍面、焚一炷香、对着一池荷花写一首诗，也可以在艰苦的日子穿着摞满补丁的粗布旗袍度日；她可以讲着流利英文同她的朋友们快乐地吃着牛排，也可以在不知名的村庄吃着掺杂沙子的石磨面条；她可以住在种着高大的马缨花和散发着幽香的丁香树的优雅的四合院里，也可以临时在不知名的寺庙搭起帆布床凑合几个夜晚；她可以由仆人开车载着外出见朋友们，也可以提着酱油瓶出门去打酱油。

最富足的生活，她有过；最苦难的日子，也挨过。

她说："我的主义是要生活，没有情感的生活简直是死，生活必须体验丰富的情感，把自己变成丰富，宽大能优容，能了解，能同情种种'人性'。"

她没有民国贵妇们抽烟、打麻将的习惯，人生的大部分时间都用在写作、研究古建筑、画画、演舞台剧、舞台设计……这些事情充满了她的生活，她把自己的人生安排得满满当当、滴水不漏，她短短的一生写了上百首诗歌、小说、散文，留下一本本关于中国建筑的著作。

很多人的生活，活着活着就无聊了，枯燥了，日子被潦草地打发掉了。而对林徽因来说，日子总是不够用的，在做了很多事情之后，她仍然有"我自己也到了相当年纪，也没有什么成就，眼看得机会愈少"的危机感，说这话的时候，她只有 28 岁。

她去世得早，躲过了政治运动最激烈的时刻，一生中所做的事情大都遵循着自己的内心，并始终活得清醒，她说："我认定了生活本身原质是矛盾的，我只要生活；体验到极端的愉快，灵质的，透明的，美丽的近于神话理想的快活。"

林徽因算不上心机女子，她只是活得很用力。

贰
文艺｜兵荒马乱中的浪漫

兵荒马乱中的浪漫

用更亲近当下的词语来形容林徽因，那便是“文艺”。我所理解的文艺，不是肤浅地穿上长裙披上披肩去古城拍张照片，不是坐进咖啡馆喝一杯拿铁或卡布基诺，不是能品出每种红酒的产地，不是只知道每个诗人的一行诗便恣意卖弄……生活不是刻意的摆拍，而是我天性里就是这个样子。她可以为了自己所爱的事业，以命相抵，用一生的时间去追随这件事情。

文艺的人生是需要坚持并坚定地走自己路的。是那个踩着悲伤前行的人，低调而又优雅地活着；他在某处默默绽放，有时却又不得不被推到舞台的中央。他也不见得一定会强大到无懈可击，也常常会在某一瞬间流露出内心的脆弱。

可正是这样，又令他们永远与众不同。

因为他们总是敏感地热爱生活，和生活中一切美好的细节。

在林徽因还是个小孩子的时候，便对周围的一切充满了幻想，就连生水痘都生得很文艺，在她成年后的散文《一片阳光》中，记录了儿时生水痘的心境：

当时我很喜欢那美丽的名字，忘却它是一种病，因而也觉到一种神秘的骄傲。只要人过我窗口问问出“水珠”么？我就感到一种荣耀！那个感觉至今还印在脑子里。也为这个缘故，我还记得病中奢侈的愉悦心境。

大概从那时候起，“文艺”的气息就像她所记住的“那一道午后两点钟的阳光”一样投射进她幼小的心里，“一个绝对悄寂的周围伴着这一片无声的金色的晶莹，不知为什么，忽使我六岁孩子的心里起了一次极不平常的振荡”。

自此，她的人生便变得随时随地浪漫起来。

林徽因和梁思成结婚时，西方文化刚刚开始传入中国，在西方留学过的时髦女人，如宋美龄、冰心都穿西式的婚纱结婚。林徽因和梁思成的婚礼虽然是在加拿大举行，但她没有穿当时流行的白色婚纱，而是别出心裁地穿着自己设计的绸面中式礼服结了婚。

婚后，回到中国，在东北大学任教期间，当时东北局势极不稳定，各派势力在争夺地盘。到了晚上，又是土匪们的天下，他们常常骑着马，从大街小巷呼啸而过。人们到了夜晚，都不敢开灯，免得把这些土匪引来被洗劫一空，林徽因曾写道：“这种时候我们都不敢开灯，听着他们的马队在屋外奔驰而过，那气氛真是紧张。有时我们隔着窗子往外偷看，月光下胡子（土匪）们骑着骏马，披着红色的斗篷，奔驰而过，倒也十分罗曼蒂克。”在那么紧张的气氛里，她居然也能感受到“罗曼蒂克”，真是文艺极了。

梁思成的妹妹梁思懿因为参加学生运动，上了当局的黑名单被通缉，她跑到梁思成的家里求助，林徽因想了个办法：连夜为她烫发、化妆，给她戴上耳环，换上绸缎旗袍、高跟鞋，朴素的进步青年学生摇身变成浮华的少奶奶。因为那时的少奶奶们大都不思家国仇恨，所以不会成为当局盘查的对象，梁思懿顺利地逃往南方。就这样，林徽因用她的浪漫化解了一场惊险。

她总是能敏感地捕捉到各种不同形式的文艺气息，即便在兵荒马乱的时候，也丝毫不见减少，她和梁思成一边带着家人向西南转移，一边在兵荒马乱中欣赏沿途景色，她写道："每个晨昏，阳光从奇诡的角度偷偷射来，触碰着我们对静谧和美依然如此敏感的神经，而这一切都混杂在眼前，这个满是灾难的世界里。"

行至湖南湘西时，她也会突想，这个地方会不会出现一个沈从文《边城》里的翠翠一样的女孩，并趁着在小旅馆歇息的时刻给费慰梅写信"汇报"他们的窘况，以"狄更生笔下贫民窟里的难童"来描述她两个衣衫褴褛的孩子："我的两个孩子越来越像狄更生笔下贫民窟里的难童。"

当 1939 年他们到达云南时，因战局前景渺茫，林徽因、梁思成和一众朋友便做了久居昆明的打算。这两位建筑师在昆明的龙头村，为自己设计并建造了一所房子，这也是他们唯一一栋为自己设计的房屋。

那是一栋有三个大房间、一间用人房和一个厨房的房屋。由于他们大部分的行李和生活物品都在逃难中遗失，几乎家徒四壁，房子建成后，她用捡到的木头做成菱形的木质花窗，用砖块垒起北方特有的壁炉，用废弃的煤油箱做成书架，用废布制成窗帘。

在日本的战机轰炸得不是那么密集的时候，她就带着两个孩子，去制作陶器的老师傅的作坊买便宜的陶罐，从附近的山上采来大捧大捧的野花，插到里面，摆到简陋的家里，为艰苦的日子增添一点点浪漫。

这座房子空且简陋，不管从哪方面都比不上北总布胡同的住所舒适，但女儿梁再冰回忆，说那是她住过的最温馨的一个地方。在龙头村的生活，无论物质还是精神都非常匮乏，梁思成的建筑论文稿费偶尔会成为他们生活中的惊喜。不过，她并没有把所有钱用在“刀刃”上。

那时候，他们请不起用人，非常厌恶做家务的她会亲自下厨，为全家人和朋友们做饭。但她唯独不能在精神上委屈自己，有次，梁思成写了一篇《在中国北部寻找古代建筑》的文章，请费氏夫妇在美国帮其发表，如果发表成功，那笔稿费可以解决很多战时的日常生活支出，但林徽因特地在信中注明，如果发表成功，请用稿费帮他们订阅价值几十美金的《国家地理》《读者文摘》《建筑论坛》《时代周刊》等杂志，以充实自己的精神生活。

在林徽因的母校宾夕法尼亚大学的学生档案中，保留了一份1926年当地的《蒙大拿报》对林徽因的采访，题目是《中国女孩致力于拯救祖国艺术》。

在采访中，她说：“等我回到中国，我要带回什么是东西方碰撞的真正含义。令人沮丧的是，在所谓的‘与世界接轨’的口号下，我们自己国家独特的原创艺术正在被践踏。应该有一场运动，去向中国人展示西方人在艺术、文学、音乐、戏剧上的成就，但是绝不是以此要去取代我们自己的东西。”

那时候她只有22岁，年轻的林徽因，对于中国艺术的发展有着非常清晰的认知，既不全部推翻，也不孤芳自赏，是那个年代里，难得清醒的人。

其实，在去美国留学之前，林徽因就已经参与了北京、上海文化圈的一些重要文化交流了。1923年，她和徐志摩、梁思成等一起举办了著名小提琴家克莱斯勒在北京的演奏会，那是中国普通人第一次领略西洋乐器的美妙；1924年，新月社成员邀请诺贝尔文学奖获得者——泰戈尔访华，林徽因全程担任翻译，并参与了文艺演出，也是文化圈一件载入史册的举足轻重的大事。

回国后，她的人生更加忙碌。20世纪30年代，她除了创作大量文学作品，还翻译了王尔德的《夜莺与玫瑰》，并设计了很多书和杂志的封面，为《学文》月刊设计封面，为《大公报》副刊设计报头。她还为曹禺根据莫里哀名剧《悭吝人》改编的《财狂》做了舞台设计。这些大概都是她副业中的副业了。

不管是音乐、文学、绘画还是设计，但凡与“美”有关的事物，她几乎都乐意参与，几乎对所有的艺术形式都非常敏感。她的一生，都与各种艺术有着纠缠不清的缘分。

林徽因的审美情趣

林徽因热爱古物，对古物的热爱渗透至骨子里，又散发至日常生活中，她与梁思成在北京北总布胡同住所里的家具，大都是从二手家具店淘来的，并用在乡野考察时，在各地捡到的残破石雕作为家里的装饰物。

这种独特的审美情趣在日本被称为侘寂美学，并渐渐成为日本美学的核心。侘寂美学是站在“奢华”对面的一种质朴的美，代表着拙朴，一种超越时间的美。那个时候，林徽因便领会到万物之间，唯拙朴永恒的道理。

不但家里的装饰都是古物，她的穿衣打扮也是拙朴的，不像那时望族的小姐太太们那样以华丽的绸缎旗袍、绣花鞋为主，她大部分时间是着素面旗袍，几乎看不到她穿得花团锦簇。有时候，夏天穿西式的棉布衬衣，薄料西装裤，西式软皮鞋，秋冬则穿西装或呢子大衣，虽不华丽却非常摩登，那样的打扮，放到今天来看也不过时。据说，30年代，她去燕京大学演讲，听说林徽因来了，那些时髦的女学生们奔走相告，纷纷从教室、图书馆、洗手间涌出来，一睹她的风采。有学生记录道：

林徽因服饰时髦漂亮，相貌又极美，真像是从天而降的仙女。林徽因身材不高，娇小玲珑，是我平生见的最美的女子。……当时我们似乎都忘了听讲，只顾看她人。

在她的文学作品中，也常常流露出这样的审美趣味，比如在小说《钟绿》中描写的一个中国女留学生的房间：

屋子的布置本来极简单，我们曾用尽苦心把它收拾得还有几分趣味，衣橱的前面我们用一大幅黑色带金线的旧锦挂上，上面悬着一副我朋友自己刻的金色美人面具，旁边靠墙放两架睡榻，罩着深黄的床幔和一些靠垫，两榻中间隔着一个薄纱的东方式屏风。窗前一边一张书桌，各人有个书架，几件心爱的小古董。

她就在我屋子中间小小灯光下愉悦地活动着，一会儿立在洛阳造像的墨拓前默了一会，停一刻又走过，用手指柔和地，顺着那金色面具的轮廓上抹下来，她搬弄我桌上的唐陶俑和图章。又问我壁上铜剑的铭文。

不管是她本人的住所，还是小说中的人物住所，装满书的书架与古董都是永恒的配置。

之前在昆明居住时，她常常去家附近的陶器作坊看老师傅们制造陶器，在师傅转动泥胎的时候，她看到器型已经转到一个美好的角度就喊停，但当然，师傅们不会听她指挥，那时的老师傅制造的都是最普通、最日常的器物，用以解决战时最基本的生活需求，而她总期待他们可以制作她心中那种浪漫的器物。

也正因为如此，对古物和中国传统文化敏感的她，在人生最后四年与北京传统老工艺景泰蓝结缘。

新中国成立后，重新回到北京的林徽因和梁思成逛古董摊时，看到两只很漂亮的景泰蓝装饰瓶，当他们拿起来细细欣赏的时候，摊主对他们说，再不买，就很难再看到了，因为这种工艺已经快失传了。虽然摊主说得有些夸张，但还是引起了对中国传统工艺敏感的他们的注意。

他们回去后立刻展开调查，发现这种在明清时期盛行的精美的老工艺，在民国时期，因为做工粗糙、造型呆板，受欢迎程度大不如从前。中国在三四十年代，历经过内乱和抗日战争，景泰蓝越发不景气，很多从事这种传统工艺的匠人都已老去，有的已经改行拉黄包车，年轻人也不愿意从事这个夕阳行业，仅有几个老作坊还在勉强维持着。林徽因和梁思成便着手在清华大学成立抢救景泰蓝小组，专门开课，亲自培养景泰蓝工艺师。

那时候的林徽因身体每况愈下，发病时，医生会让她卧床静养，但她依然拖着病体，亲自带着学生钱美华、常沙娜等去北京各个幸存的景泰蓝作坊做调查。有次，一个老师傅听说他们是为恢复景泰蓝工艺做调查的，激动得老泪纵横，握着林徽因的手说："你们救救景泰蓝吧！"

在他们的努力下，景泰蓝的外观和工艺都做了改进，改进后的景泰蓝更加精致，也更加符合现代人的审美。1952 年，林徽因接到为首次在北京召开"亚洲及太平洋区域和平会议"的各国代表设计"和平礼物"的任务，她带着学生设计的景泰蓝被作为中国传统工艺的代表向世界展示。1953 年，苏联著名的芭蕾舞演员乌兰诺娃[①]来中国演出，林徽因指导学生设计的飞天图案景泰蓝瓶被作为礼物送给她，她赞叹道："这才是代表新中国的新礼物，真是太美了！"

然而，不到两年，林徽因便因为肺病再次住进了医院。这一次非常严重，钱美华去看望她时，她已极度虚弱，鼻子上插着输氧管的她，一字一顿地嘱托钱美华："景——泰——蓝——是——国——宝，不——能——失——传！"不承想，林徽因在这一年去世，这句交代竟成遗言。因着这句嘱托，作为林徽因弟子的钱美华也为景泰蓝投入了毕生精力，成为一代景泰蓝大师，一直到

① 苏联史上最伟大的芭蕾舞女演员，她的代表剧目有：《巴赫切萨拉伊的泪泉》《天鹅之死》《罗密欧与朱丽叶》《灰姑娘》《天鹅湖》《吉赛尔》等，吉赛尔发疯一场的舞蹈表演，被公认为她悲剧艺术的顶峰。1998 年，乌兰诺娃逝世后，以她的名字为一颗重达 164.7 克拉的钻石命名。

生命最后几年，还亲自去工厂指导工艺和探讨设计理念，宛如当年的林徽因。2006 年，景泰蓝被列为国家级非物质文化遗产。

我觉得林徽因在作家中不是最一流的，她理智、开朗的性格，都不会让她成为那种偏执型的一流天才女作家。但是她对才女的称谓当之无愧，她是民国才艺最全面的女人，与她相伴了 27 年的丈夫梁思成，在她去世后很多年，提及她，说：

林徽因是个很特别的人，她的才华是多方面的。不管是文学、艺术、建筑乃至哲学她都有很深的修养。她能作为一个严谨的科学工作者，和我一同去村野僻壤调查古建筑，又能和徐志摩在一起用英语探讨英国的文学或我国新诗创作，她具有哲学家的思维和高度概括事物的能力……所以做她的丈夫很不容易。

她的一生，正如她最亲密的女性朋友费慰梅评价的那样：

在她身上有着艺术家的全部气质。她能够以其精细的洞察力为任何一门艺术留下自己的痕迹。

叁

壁垒｜你当温柔，却有力量

大女人林徽因

林徽因出身清朝末年的大家族，她外形玲珑娇小，面容秀丽，笑的时候，脸颊有个淡淡的小酒窝。如果不开口说话，穿一袭长长旗袍的她，看起来就是一个乖巧的小女人，跟那个年代大部分面容姣好、思想保守的女性并无区别。然而实际的她，却一点儿也不像那些缠着小脚的、大门不出二门不迈的娇小姐们，与她乖巧的外表交织在一起的却是一个大女人的灵魂。

在美国读书期间，她的美国同学评价她说，Phyllis Lin 不像中国女孩。因为，中国的女孩子大都沉默寡言，只与中国人玩，但她热情、爱笑、开朗、大方，交了很多美国同学做朋友，并常有美国的同学在临交作业时请她救急。其中一位她救过急的学弟钱尼，后来成了百老汇的著名舞美设计师。离开美国 8 年之后，林徽因在《戏剧艺术》月刊上发现他的名字，惊喜地说道："我的钱尼真了不起，现在成了百老汇的设计师！想想看，那个和谁都合不来，老是需要我像母亲般保护的小淘气，现在成了百老汇有名的设计师，一次就有四部剧目同时上演。"

多么大女人的语气。

其实从小，她所表现出来的就是这种大女人的气质。她很少会流露出小女人常有的羞赧、胆怯的一面。早在林徽因6岁的时候，因父亲林长民在北京忙于政事，她便同祖父母、母亲、父亲的二房程桂林、姑母、仆人等一大家子生活在上海。那时的她，便开始为祖父代笔给父亲写家信，从父亲写的一封封家信中可以看出，那时候，林长民便以大人待她，托付她照顾家人。

我在京一切安好，不知祖父大人安好否？天气已寒，祖父室内炉火常温否？吾儿当留心照应为要。

祖父今夏病体如何？能出门否？汝多陪祖父为要。

我在京身体诸健，家人勿念。汝好好读书，好好伺候祖父，至要。趾（灵趾，本名麟趾，何雪媛生，未成年即夭折）可爱否？

盼汝辈多与我书也。娘娘、二娘想都好，妹妹、弟弟汝亦相帮照应。

二娘脉至甚盼函告（食量如何亦告我）……并告燕玉勿哭勿闹也。

我身体安康，汝可放心。家中应用款，告二娘不必省费。……我致二娘信汝可取阅。

……

林徽因10岁的时候，祖父去世，一家人从上海迁到天津。全家人住在英租界耀华里96号，从那时候起，她更是成了整个大家庭的主心骨。林府上下，不管是大人的事情，还是孩子的事情，不管是亲娘这边，还是二娘那边，都由只有十几岁的林徽因疏通打理。在外任公职的林长民写信对她说："我不在家，汝能为我照应一切，我甚喜也。”

她的人生开始得比一般人都要早，她最好的朋友费慰梅说：“她的早熟可能使家中的亲戚把她当成一个成人而因此骗走了她的童年。”从她与父亲的一封封家书中可以看出，她虽然有些许的力不从心和无奈，但又努力担起父亲的托付与责任，她比一般人家的大小姐肩负着更多的责任。李健吾说她是林长民家的女公子。

二弟林桓很小的时候生病啼哭，便是林徽因在夜半的月下抱着他，哄他，直到他停止啼哭，渐渐睡着。她跟在北京工作的父亲汇报道：

二娘病不居医院，爹爹在京不放心，嘱吾日以快信报病情。时天苦热，桓病新愈，燕玉及恒则啼哭无常。尝至夜阑，犹不得睡。一夜月明，桓哭久，吾不忍听，起抱之，徘徊廊外一时许，桓始熟睡。乳媪粗心，任病孩久哭，思之可恨。

即便当时家里有不止一个的仆人，身为大小姐的她也要亲自照顾他。

林恒是林徽因疼爱的三弟，林徽因从美国宾夕法尼亚大学毕业回国时，国内时局动荡，她去东北大学任教之前，不过才20岁出头的她，冒着沿路军阀的炮火也想着要把这个弟弟带上，并给他安排好学校，让他不因为时局的动荡而耽误被教育。在日本入侵中国期间，林徽因逃难的一段时间里，林恒也是随着林徽因同何雪媛住在一起，何雪媛因为林恒是程桂林所生，偶尔会有些微词，但林徽因并不在乎母亲的态度，依然很爱这个弟弟。

大概童年的生活经历在她的认知里烙下一种印记——你要去照顾身边的人，而不是成为被照顾的那个。在美国独立生活的四年，她受到那些思想独立的美国同学的影响，更加自立。成年后，除了她身体极端病痛时需要别人照顾，几乎都是她在照顾着周围的人，无论精神还是物质。即便生了病，也很少看她表露脆弱。有次，李健吾听说她的肺病严重到必须卧病在床，便前去她家中探望，却看到一个“穿了一身骑马装”精神激昂到别人无法插话的病人。1947 年，在做肾切除手术之前，她还安慰关心着她的朋友说：“别紧张。我是来这里做一次大修。只是把各处的零件补一补，用我们建筑行业的行话来说，就是堵住几处屋漏或者安上几扇纱窗。”

不穿旗袍的时候，她上身穿短袖衬衫，下身着利落的西裤，脚踏一双麂皮半跟鞋，很有“男友力”。当年梁思成出车祸的时候，林徽因只是梁思成的女朋友，还未正式订婚。她每天都去医院照顾梁思成，他的伤一直到腰间，林徽因却一点儿也不避讳地为他擦拭身体、帮他翻身。本来对梁思成来说，这是件很甜蜜的事情，但梁思成的母亲很看不惯这种违背“男女授受不亲”的行为，觉得她有失大家闺秀的风范，曾一度反对她和梁思成的婚姻。不过，思想开明的梁启超却是力挺这个儿媳妇，并一直尊重、欣赏她。在林父去世、林家几近没落后，甚至在两位新人不在场（当时在美国留学）的情况下，在国内为他们按照大家族的礼仪，举办了隆重的订婚仪式，面面俱到，每个细节都分毫不省，堪称中国订婚仪式的模板。待他们学业结束后，又为他们在加拿大举办了时髦的西式婚礼。

林徽因的性格有点像她这位为家人操碎了心的公公梁启超，她遇到的人，总会视她为依靠。

好友钱端升的婚姻大事，也是由林徽因牵线促成的，钱太太陈公蕙是林徽因的远方亲戚。结婚之前，两人闹了一点儿小矛盾，陈公蕙一气之下跑回天津，钱端升惶恐地跑到林徽因家里求助，于是，由梁思成开着车，载着钱端升、金岳霖、林徽因，四个人一路追到天津，钱陈和好，兴高采烈地去上海结婚了。在林徽因去世好多年后，钱端升回想起此事，说“要几辈子感谢林徽因”。

说起被林徽因照顾过的人，还有一位不得不提。1946 年夏天，清华大学建筑系正式建系，梁思成被聘为系主任，林徽因被聘为教授。林徽因受福建同乡的托付，照顾一个叫林洙的女孩，她不但给她安排好学校、住处，还亲自教授她英文，并热情地给从外地来的林洙讲如何以一个建筑师的眼光欣赏北京的几处古代建筑。当得知她要结婚，林徽因还亲自操持了她的婚礼，并随手就送了一套官窑青花瓷的茶具给她。林洙并不知道这套茶具有多值钱，一直把它作为日常待客用具，直到有天，有位识货的朋友看到，吃惊地问她：“你竟用这个待客？”她才知道这是一套非常贵重的茶具。结婚之前，林洙手头拮据，想要卖掉一些首饰，林徽因知道后，主动找她，并给了她一个以梁思成的名字开户的存折，跟她说，这是“营造学社”用来资助青年学生的专款，她可以用，以后有钱了再还。但是后来，每次林洙提出要还钱的时候，林徽因都转移话题，不让她继续说下去，这笔钱终究也没有还上。不过，林洙终究也没有成为一个建筑师，履历上是清华大学建筑系工作者。不过，她却在林徽因去世 7 年后，成为梁思成的第二任妻子，令人唏嘘。

林徽因身上自有一种能让人安定和信任的因素，有点侠女风范，有她出现的地方，身旁的人都会不自觉地以她为中心围起一个小圈子。

林徽因住北总布胡同时期，邻居家屋顶破了个大洞，邻居知道林徽因乐于帮助别人，便托林徽因的仆人去求她帮忙，找房主把屋顶的洞给补上，因为他们实在穷得修不起房顶。林徽因马上亲自去调查这件事。当她找到房东并且跟她说起这件事时，房东告诉林徽因，现在房客的祖先在二百年前乾隆年间就租了那所房子，由于是同一个家庭一直住在那里，根据当时中国的法律，房东是不能提高房租的，所以这二百年以来，林徽因的邻居依然每个月只需交 50 个铜板的超低房租，就可以一直住在里面。但对于房主来说，修缮屋顶需要更多的钱，房主并不愿意做这件事情。于是，这件事的结果最终变成：林徽因掏钱给她的邻居修了房顶。

在抗日逃亡的路上，林徽因和梁思成在湖南晃县的小旅馆里，结识了八位前往昆明集训的中央航校的飞行员，他们在很短的时间里便和这八位年轻的飞行员结成深厚的友谊，远离父母的他们，将林徽因当成朋友、姐姐、家长，以一种天真的孩子气依恋着她。甚至在他们毕业的时候，比他们大不了几岁的林徽因和梁思成，被他们邀请作为“名誉家长”参加了他们的毕业礼。

每一次，当他们其中的某位执行任务时，林徽因就提心吊胆地等待着他们回来的消息，因为这些年轻、鲜活的生命，所驾驶的都是老式、战斗力很差的飞机，并且传闻当时空军学生从毕业到阵亡的平均时间是六个月。林徽因常常充满激情地对她的朋友们谈论这八位飞行员，哪一位小提琴拉得好，哪一位“很有思想”，哪一位要奔赴战场，哪一位要订婚，她都牵挂着，那时，她只有33岁，却像个操心的母亲。她时而为他们的勇敢情绪振奋，时而又为他们暗淡的前程感到低落。让人痛心的是，这八位飞行员的七位都在随后的几场战争中牺牲。他们牺牲后，私人物品都被寄到林徽因家里，在他们时间并不算长的交往中，已经把彼此当成了家人。那段时间，坏消息一个接一个传来，每收到一次，林徽因都会抱着他们的遗物大哭一场。

在八位飞行员里，有位叫林耀的澳门籍飞行员，是这些飞行员中活得最久的一个，在林徽因最爱的弟弟林恒也在1941年执行轰炸日军任务阵亡后，林徽因便把他当成自己的亲弟弟，他在日记中写道：“徽因现在成了我的姐姐，什么事，我都得报告她，才放心。”他在战争中，一次又一次幸运地活了下来，但因为战伤，无法上战场。那时，林徽因一家已经从云南撤到李庄。他在养伤期间，曾经两去李庄看林徽因一家。音乐修养很好的他，带着林徽因的两个孩子唱忧伤的《喀秋莎》，唱悲壮的《航空队员进行曲》，或者放贝多芬的《第五交响曲》给他们听。等伤势稍一好转之时，便又积极奔赴战场。在离开之前，他把自己最喜欢也是最贵重的物品——一台留声机送给林徽因，因为他觉得“以后可能再也用不到了”。那时的每一次告别，都可能成为永恒的告别。此后，他驾驶美国提供的新式战斗机“路”过李庄一次，在林徽因家上空给她投递了昆明西南联大几位老友捎来的“航空快信”和一包糖果。之后，便在一场衡阳上空的激战中失踪。至此，在抗战胜利的前一年，这八位飞行员全部牺牲。林耀的失踪对林徽因的打击尤其大。过了很多年，到了1948年，林徽因才收拾起悲伤，为弟弟林恒和八位萍水相逢的飞行员，写了那篇著名的《哭三弟恒——三十年空战阵亡》的悼文。从那年开始，每年的七月七日“卢沟桥事变”纪念日的中午十二点，林徽因全家都要在饭桌旁起立，默哀三分钟，悼念他们。

其实，林徽因也不算是那种面面俱到、八面玲珑的，很会做人的薛宝钗式的女人，甚至还有些人尽皆知的坏脾气，但她那些大女人的特质总是会让人忍不住拍手称赞。中国女子的矜持，英伦女子的优雅，美国女子的侠义，在她身上，都有所体现。

民国初，贵族的女子，大都娇柔造作，奢靡浮华；平民的女子，唯诺内向，少有主见。而突然出现这么一位热情健谈、思想独立、欧美思想、又热爱帮朋友们张罗事情的女人，势必是要吸引一众仰慕者的。一个女人如果拥有美貌，往往可以迅速地把众人的目光吸引过来，但那只会是短暂的吸引。如果身边的朋友们能一直长久地陪伴其左右，那就是性格的力量了。

与沈从文的情谊

沈从文与林徽因相识也是因为徐志摩。徐志摩对沈从文有知遇之恩，当年20岁的沈从文离开湘西老家独闯北平，想考北京大学，但因他学历太低，无法考入，好在那时的北京大学是对所有人开放的，于是他就去北大做了一名旁听生。

平日里，他住在银闸胡同一个用贮煤间略加改造的极小的房间里，一边拼命学习，一边拼命写作。那时他连标点符号都不会用，就想用手中一支笔打出一个天下。他把写好的稿子寄到《晨报副镌》，但全部都石沉大海。不但如此，那些稿子还在编辑大会上被拿出来，摊在桌子上，接受众人奚落。直到1925年，从英国回国的徐志摩成为《晨报副镌》的主编后，才发现了沈从文的才华，将他的稿子一篇篇发出来，最多时，一个月发表了7篇，使他在文坛初露头角。沈从文说，如果没有徐志摩，他“不到北平市去做巡警，就卧在什么人家的屋檐下，瘪了，僵了，而且早已腐烂了”。

在林徽因自美国回国之后，沈从文在徐志摩的引荐下认识了林徽因。那时的沈从文依然很穷，出身望族又嫁到中国最有影响力的梁家的林徽因，并没有因为沈从文是个乡下穷小子而瞧不上他，她跟徐志摩一样很欣赏他的才华，并常邀请他来“太太的客厅”做客，将北平的朋友介绍给他。20世纪30年代，也是林徽因的创作高峰期，她也常常会邀请她“欧美留学派”的朋友们在北平著名的茶楼“来今雨轩”小聚、品茶，沈从文也在被邀请之列。

熟悉了之后，林徽因知道沈从文经济状况很差，便有意接济他，但情商很高的林徽因又担心贸然给他钱会伤到他的自尊心。有一次，恰好她的堂弟林宣从南方到了北平，林徽因便让林宣向沈从文借阅书籍，归还书时，悄悄夹一些钱进去。这样的“塞钱”事件有过几回。

到了1933年，沈从文和张兆和结婚的时候，经济还未好转，婚房中也没有什么像样的陈设，几乎是家徒四壁，只有林徽因和梁思成送的百子图的床罩，为婚房增添了一点儿喜庆的气氛。在林徽因眼中，沈从文是“安静、善解人意、多情又坚毅的人，一位小说家，又是如此一个天才”。在沈从文眼中，林徽因是“聪明绝顶的小姐”。在与朋友的相处中，林徽因常常表现出大女人的一面，对沈从文也是如此。虽然按年龄，沈从文比林徽因还大两岁，林徽因一直称呼他为“二哥”，但沈从文在情感上很依赖林徽因，这种依赖，不掺杂任何暧昧。林徽因的好友费慰梅说，沈从文对林徽因有着对“母亲”般的依赖。

结婚后不久，沈从文邂逅文艺女青年高青子。高青子是诗人，也是沈从文的超级粉丝，她读过沈从文的所有作品，并熟悉每部作品的细节。第二次见面时，高青子有意模仿沈从文作品中“绿地小黄花绸子夹衫，衣角袖口缘了一点紫”的打扮，令沈从文幡然心动，随后他们便开始偷偷交往。但很快，沈从文因这段不伦恋情陷入矛盾和苦恼中，不知所措的他竟然诚实地将自己的情感全盘告诉了夫人张兆和，张一气之下回了苏州老家。陷入苦恼又不知所措的沈从文几乎是哭着赶到梁家，将这件事情说给林徽因听，请她帮自己整理一下“满溢的情感”。两年后，林徽因在写给费慰梅的信中提到此事，她说：“他的诗人气质造了他的反，使他对生活和其中的冲突茫然不知所措，可我又禁不住觉得好玩。他那天早晨竟是那么迷人和讨人喜欢！而我坐在那里，又老又疲惫地跟他谈，骂他，劝他，和他讨论生活及其曲折，人类的天性、其动人之处和其中的悲剧、理想和现实！”

沈从文将不同于往日温柔平静的私密一面，展示给了林徽因，让她觉得“他那天早晨竟是那么迷人和讨人喜欢”。对于沈从文的这段婚外情，林徽因是劝阻的，但同时也羡慕沈从文还有“那么积极那么热烈，那么丰富的情绪”。他们曾不止一次谈论这件事，这让林徽因想到了已去世多年的徐志摩与世俗法则的痛苦抗争，也想到了自己，她对他说：“我也常常被同种的纠纷弄得左不是右不是，生活掀在波澜里盲目地同危险周旋。”但沈从文不像她，可以那么理智地处理三个人的关系，沈从文爱太太张兆和，这是世人皆知的事情，但他对高青子的情感也总是反反复复，据说，这段情断断续续持续了10年之久，沈从文才找回那个“理性的自己”。林徽因还建议沈从文去跟金岳霖谈谈，因为她觉得金岳霖“更能了解同时又极客观极同情极懂得人性”。

私密情感的分享让林和沈的关系更加牢靠，她不但欣赏他的才华，还成了他的知音、家人。后来，沈从文去青岛大学教书，林徽因在情感上苦闷的时候，也会写信找他倾诉，她读了很多沈从文的文字，她觉得这个细腻的满腹才华的男人会了解自己突如其来的苦闷情绪，事实也是如此，她给沈的信中，谈及情感，谈及心事，有一封信她写道：

我认为最愉快的事，都是一闪亮的、在一段最短的时间内迸出神奇的——如同两个人透彻的了解：一句话打到你的心里，使你的理智和感情全觉得一万万分满足；如同相爱，在一个时候里，你同你自身以外另一个人互相以彼此存在为极端的幸福；如同恋爱，在那时那刻眼所见、耳所听、心所触，无所不是美丽，情感如诗歌自然的流动，如花香那样不知其所以。这些种种都是一生不可多得的瑰宝。

在徐志摩去世之后，虽然林徽因身边也有好友费慰梅，但她们之间的交流大都通过英文，而这种美丽的中文表达大概只有细腻的沈从文可以懂透彻，并与她交流。两个人即便在七七事变后的大逃难中，也未断了信件往来。20世纪30年代，很多林徽因写给沈从文的信，都是在逃难路上写的，有一封信是1937年11月，林徽因行至湖南，被连日大雨困在长沙，天气刚放晴时，“坐在一张破藤椅上”写的，旁边“晒着棉被和雨鞋”。几日之后，终于等到车票的林徽因和梁思成带了一大家子人，再次启程，行至沅陵时，不顾一路交通不便，前路未明，路途劳顿，又转道去沈从文在山上的老家，看望了他的兄长。

林徽因在逃难期间的苦闷情绪，大都倾诉给了两个人，一个是远在美国的好友费慰梅，一个便是沈从文。

抗日战争胜利之后，因政治运动，沈从文被左翼文化界猛烈攻击、批判，说他是专写颓废色情的“桃红色”的“反动作家”，一些当年的朋友也疏远了他。沈从文精神受到打击，夜夜失眠，几近崩溃，其间还自杀过几次，幸亏被家人发现后及时救下。而当时的林徽因和梁思成正被新政府邀请，参与设计国徽和人民英雄纪念碑这种无上光荣的工作，与沈从文的境遇天壤之别。但她也丝毫不避讳，也不与之划清界限，她让梁思成开车把沈从文接到清华园，与金岳霖、张奚若等一帮老友悉心照顾他，并把他每天的康复进展写信汇报给沈太太张兆和。

三小姐：

他住在老金家里。早起八时半就同老金一起过我家吃早饭；

饭后聊天半小时他们又回去；老金仍照常伏案。中午又来，饭后照例又聊半小时，各自去睡午觉。下午四时则到熟朋友家闲坐；吃吃茶或是有点点心。六时又到我家，饭后聊到九时左右才散。

……

晚上我们为他预备了安眠药，由老金临睡时发给一粒。此外在睡前还强迫吃一杯牛奶，所以二哥的睡眠也渐渐的上了轨道了。

……

这里这几天天晴日美，郊外适于郊游闲走，我们还要设法让二哥走路——那是最可使他休息脑子，而晚上容易睡着的办法，只不知他肯不肯，即问。（此信内容为节选）

林徽因为沈从文做的一切，令张兆和万分感动，她给沈从文写信道："我读了信，心里软弱得很，难得人间还有这样的友情。……听说徽因自己也犯气喘，很希望你能振作起精神，别把自己的忧虑再去增加朋友的忧虑，你的身体同神经能在他们家里恢复健康，欢喜的当不止她一人。"并鼓励沈从文"多同老金（岳霖）思成夫妇谈话，多同从诫姐弟玩，学一学徐志摩永远不老的青春气息"。

母亲林徽因

人们提及林徽因，往往谈论的都是作为三段爱情女主角的林徽因，很少提及她作为母亲的角色。1929年，林徽因25岁的时候，在沈阳生下了她和梁思成的第一个孩子——女儿梁再冰。1932年，

28岁时，第二个孩子梁从诫降生在北平北总布胡同。给女儿取名"梁再冰"，是为了纪念"饮冰室主人"梁启超；给儿子取名"梁从诫"是为了纪念宋代建筑学家李诫。到1955年，林徽因去世的时候，她的两个孩子都已长大、结婚，女儿梁再冰的儿子也在这一年降生，林徽因已是外婆。

热爱读书和写作的林徽因，喜欢给孩子们买书，书一直都是家里最丰沛的资源，但她从不逼迫他们一定要把每一本都读完。不过，两个孩子都像她一样，非常热爱阅读，曾一度，女儿梁再冰沉迷于读书，视力下降得厉害。不过，林徽因没有直接制止她，而是画了一幅"戴着眼镜的袋鼠"的漫画[①]给她作为提醒，并在旁边用小字写道："喜欢读书的你必需记着同这漫画隔个相当的距离，否则，最低限度，我一定不会有一个女婿的。"一如既往的林式幽默。

两个孩子在10岁左右的时候，便已读完了《绿山墙的安妮》《小妇人》《埃米尔捕盗记》《爱丽丝梦游仙境》《人猿泰山》等国外作家的作品和中国的四大名著等书。孩子们稍微大一些后，她便鼓励他们阅读英文原版书，有时候，读到自己喜欢的书，她就推荐给孩子们，让他们读完后同自己讨论。她自己本身学贯中西，在读书方面也是如此，既读《聊斋志异》《西游记》，也读拜伦、叶芝的诗。

林徽因喜欢给孩子们讲故事，但她从不讲大灰狼与小白兔这种低幼型的儿童故事，即便在他们很小的时候。《米开朗琪罗传》和屠格涅夫《猎人日记》都是在孩子们小时候，林徽因讲给他们

① 见前面图片。

听的，很多很多年后，已是中年的梁从诫说起小时候妈妈给他们讲的这些故事，都还一直记着。她也会给孩子们讲自己写的小说里的故事，或者带领他们读自己写的诗，兴之所至，会在孩子们面前大声朗诵《哈姆雷特》里的名句：To be,or not to be,that’s a question. 梁再冰喜欢妈妈写的诗，幼年时，就把它们一首一首地抄在本子上。

一直以来，林徽因都是用对待成年人的方式对待她的孩子，这大概受她孩童时期与父亲林长民的相处的影响。林家与孩子的相处模式中从未有“娇宠”两字，她把这样的相处模式也同样用在自己的孩子身上。她甚至也会将她与徐志摩的事情告知孩子。孩子们七八岁的时候，是林徽因和梁思成做乡野调查最频繁的时期，他们常常在外省一待就是几十天，孩子交由林徽因的母亲和家里的用人照看，有时候，是老金。林徽因在路上通过写信与孩子们交流，她用孩子能看懂的语言告知他们自己在做什么，与孩子们建立了一种平等的关系。

20 世纪 30 年代，日本对中国的野心已经十分明显，已经嗅到战争气息的林徽因跟只有七八岁的孩子们说：“我们希望不打仗事情就可以完，但是如果日本人要来占北平，我们都愿意打仗……我觉得现在我们做中国人应该要顶勇敢，什么都不怕，什么都顶有决心才好。”

七七事变之后，孩子们无忧无虑的童年因为战事而中断。林徽因和家人一边往西南转移，一边给中断正规教育的孩子们辅导功课。日本军队在中国的野蛮举动激发了林徽因的爱国心，她给他们讲《唐雎不辱使命》这样的故事，一边带着孩子们读原文，一边绘声绘色地讲解，把一篇对孩子而言很枯燥的古文，演绎得像一场电影。或带领孩子们读杜甫和陆游的诗句——“遥怜小儿女，未解忆长安”“王师北定中原日，家祭无忘告乃翁”“剑外忽传收蓟北，初闻涕泪满衣裳”。这也是那个时期，处于在日本占领下的中国的林徽因，用诗词来寄托内心深处对战争胜利的期待。

林徽因是个急脾气女人，在孩子们面前却是个温柔的母亲。梁再冰喜欢小猫，林徽因便给她领养了一只，并取名为“明儿好”。后来，“明儿好”因为长寄生虫死了，孩子们很伤心，林徽因提议为它举办一个小小的葬礼，带着孩子们一起为它做了小花圈，并在上面写上“纪念我们的小爱猫咪咪——爱你的一家人”。

梁再冰自小怕狗，林徽因为了消除她的恐惧，便鼓励她养一只很小的狗，并给它取名“冰狗”，以示这是梁再冰的狗。林徽因去世后，每每谈到自己的母亲，梁再冰都会难掩痛苦思念之情，忍不住落泪。对母亲的思念，更是写了一纸又一纸。

林徽因从未掩饰过对做家务事的厌恶，有时候，她宁愿去到小县城考察古建筑，忍受着三餐不饱、交通不便和身体负荷所受的痛苦，也不愿意留在北平一边享受安逸时光，一边被生活杂事淹没。

她在给朋友的信中说：

当我在做那些家务琐事的时候，总是觉得很悲哀，因为我冷落了某个地方某些我虽不认识，对于我却更有意义和重要的人们。这样我总是匆匆干完手头的活，以便回去同别人“谈话”，并常常因为手上的活老干不完，或老是不断增加而变得很不耐烦。

我一起床就开始洒扫庭院和做苦工，然后是采购和做饭，然后是收拾和洗涮，然后就跟见了鬼一样，在困难的三餐中间根本没有时间感知任何事物，最后我浑身痛着呻吟着上床，我奇怪自己干吗还活着。这就是一切。

但作为一个母亲时，她凡事都亲力亲为。即便孩子生了病，她也不会将他们完全交给医生，大概是因为她自己久病成良医，她会去同医生商量治疗方案，然后把孩子带回家自己照顾、调理，很少让他们住在医院里。她也像普通母亲那样，以自己孩子为豪。病重期间，女儿去看医院看她，她也振奋着精神招呼熟识的医护人员说："你们快来看我女儿，她的身体和脸色多好啊。"梁再冰去当兵时，一向坚强的她哭了好久，怕自己病重再也见不到她了。

林徽因流传最广的一首诗——《你是人间的四月天》是写给儿子梁从诫的，是儿子出生后，一位母亲的全部情感的倾泻和喜悦，也是林徽因情感表达最为浓烈的一首诗，韵律也极其优美，是情绪被激发至最顶端之后倾泻而出的作品。读林徽因写的关于爱情的文字，总会在字里行间中，感受到一种理性的情绪在她身后拉着她，使她不至于投入太多情感，宣泄得也没有那么彻底。而对于亲情，为人母的喜悦，是放肆的，纵情的。

她跟朋友说，被两个孩子左右簇拥陪伴着的时候，她觉得自己"像个大贵族"。

◎ 下 卷 ◎

情谊：是燕在梁间呢喃

壹
林徽因的“仇敌”们

一个人得着多少人的喜爱，便会得着多少人的厌恶，不能事事如意全都独占着。

比林徽因晚出生 20 多年的张爱玲说：“一个女人，再好些，得不着异性的爱，也就得不着同性的尊重。”但，倘若得到过多的异性的爱，也会招来同性的嫉妒。林徽因的朋友李健吾说起林徽因，说她“几乎是所有妇女的仇敌”，大概就是与她当时有很多追求者有关吧。20 世纪 20—30 年代的林徽因实在是太风光了，给同时代的精英女性也造成不小的压力。她最著名的“仇敌”大概是陆小曼、凌叔华和冰心了。陆小曼、凌叔华“仇”的是“情”，冰心“仇”的却大多是在文学层面。

陆小曼｜前女友只要存在就已是罪恶

关于林徽因流传深广的一些“坏话”，很多都出自陆小曼。比如，她说当年梁思成出的那次严重车祸，是为了去给林徽因买橘子，才骑摩托车出门，因此伤了腿，林不忍离弃腿残的梁，才舍徐志摩而取梁；比如，那次林徽因给徐志摩、张歆海几个人群发电报的事情，也是陆小曼给她传播出去的。

陆小曼对林徽因的种种不满，大都源于她的“前女友”情结。她们之间并无往来，也甚少见面，唯一的一次正式见面，是在林徽因养病期间，徐志摩将陆小曼介绍给林徽因。林徽因也未曾公开谈论陆小曼，只在看到徐志摩为了满足陆小曼奢靡的生活四处工作赚钱时，在他面前感慨过她过于堕落。在其他人面前提到陆小曼时，一向喜欢说话的林徽因也会立刻止语。有次，赵清阁去拜访林徽因，无意中提到陆小曼，她写道：“提到陆小曼她就不言语了。”

不过，无论谁有了林徽因这样的“前女友”，现任也不会视若无睹，何况陆小曼也是个美丽、骄傲并被男人们宠上天的女人。“前女友”这个东西本来就是如鲠在喉般的存在，即便“前女友”什么也不做，只要存在，就已经是罪恶了。

虽然这种难受，如果自己不说，别人也看不出，但哽在那里的刺终究需要吐出来，不吐不快。如果“前女友”从此消失在茫茫人海中，老死不相往来，也就罢了。可偏偏，这个“前女友”一直大大方方，丝毫不避讳地存在着，并且存在于一个最闪亮的地方，风头尽出，想忽视都不可能。

思想开放又自信的陆小曼曾经对徐志摩说过：

你跟任何女人的任何交往都不必瞒我，我无所谓，绝不干扰。唯独林徽因，你绝不可跟她再有接触。只要让我知道你跟她还有来往，我绝不答应。老实讲，我是要吃醋的。

在爱情里，女人只有遇到劲敌才会真正地吃醋起来。

徐志摩和陆小曼都是感情炙热、放纵的性格，他们结婚后常常争吵，在一段有“前女友”的关系里面，需要解决的就不只是两个人之间的矛盾了，欢乐也好，悲伤也好，心塞指数都会大大增加。在最初的蜜恋期过后，“前女友”的影子仍然像阴魂般不时地出现，真是件令人沮丧和心塞的事情。特别是当她听到徐志摩的好友张歆海（张幼仪的哥哥）也夸赞林徽因时，愤愤地说道：

歆海讲得菲（林徽因）真有趣，他亦同他（指徐志摩）一般的痴，她果真有这样好么？一个女人能叫人在同时敬爱，那真是难极了，有一种人，生来极动人的，又美又活泼，人人看见了能爱的，可是很少能敬的。我的人的本性是最骄傲的，叫我生就一种小孩脾气，叫人爱而不敬，我真气极了。看看吧，我拼着我一生的幸福不要，我定要成个人才。

但女人的情感都是复杂又纠结的，自己的男朋友太受欢迎，她们会吃醋，如果不受欢迎，又觉得哪里不对，所以当陆小曼说起林徽因屡次拒绝徐志摩的往事，又仿佛自己的男人受了欺负似的。

可惜这样一个纯白真实的爱，叫她生生的壁了回来，看得好不生气……他还说他不敢侵犯她，她是个神女，我简直不用谈这件事吧，我说起就发抖。

在陆小曼还未与徐志摩相恋的时候，20 世纪 20 年代，梁思成的父亲梁启超和林徽因的父亲林长民创办的讲学社邀请诺贝尔文学奖获得者泰戈尔访华，身为梁启超弟子的徐志摩便邀请林徽因同他一起担任泰戈尔在中国随行的翻译。在北京天坛的欢迎会上，泰戈尔受到蔡元培、胡适之、蒋梦麟、梁漱溟、辜鸿铭、熊希龄等一大批中国文化名流的热烈欢迎，徐志摩和林徽因一左一右陪在泰戈尔身边，风光无限，有报纸写道："林小姐（徽因）人艳如花，和老诗人挟臂而行，加上长袍白面郊寒岛瘦的徐志摩，有如松竹梅的一幅三友图。"

林徽因是梅，徐志摩是竹，泰戈尔是松。其间，新月派的成员为庆祝泰戈尔的64岁生日，在北京东单三条协和小礼堂里，用英语演出了泰戈尔的戏剧《齐德拉》，林徽因饰齐德拉公主，徐志摩饰爱神玛达那，这是当时轰动文艺界的一场盛事。

陆小曼也观看了这场徐、林同台演出的《齐德拉》。舞台上的林徽因，正值人生最好的年华，集万千宠爱于一身。她从前的恋人徐志摩与她演对手戏，她著名的父亲林长民演配角，舞台设计则是她出身豪门的即将成为她丈夫的梁思成。

她虽不是那种美艳型的女人，却明亮、自信、洋气，她用大段大段的英文台词诉说着剧中人物的哀愁和对于爱情的理解，如同一朵明亮的白色山茶花，照亮着暗夜的剧场，令所有人惊叹，也让台下明艳、风情的陆小曼心底生出一点点自卑来，让以往骄傲的她顿时觉得自己"像个乡下孩子"。

其实陆小曼平时并不是那么容易自卑的女人，她受过良好的教育，精通英语、法语。她还是王庚太太时，画家刘海粟去北平暂住，胡适对他说："你到了北平，不见王太太，等于没到过北平。"

在上海的社交舞会，她不出现，男人们便会觉得整场舞会少了些意义。无论是美貌还是才华，她都是 20 世纪 30 年代数一数二的人物。然而，在林徽因的万丈光芒之下，她感觉自己黯淡了。那几天，她在人群中追随着徐志摩的目光，而徐志摩的目光就没有一秒钟离开过林徽因。

那时候，林徽因和徐志摩的绯闻传遍北平、上海的文艺圈，尽管林徽因已与梁思成有了婚约，但徐志摩对她的热情丝毫不减，并且对任何人都毫不掩饰对林徽因的喜欢，包括林徽因未来的公公梁启超、未来的老公梁思成、访华的诗人泰戈尔……他是恨不得让全天下的人都知道“徐志摩爱着林徽因”这件事。

徐志摩与陆小曼相恋之后，两人爱得也是轰轰烈烈的，他甜蜜地叫她“龙龙”“我最甜的龙儿”，情到蜜意时也会充满怜惜地唤她“你这孩子”，甚至为她差点闹出人命。因为当时陆小曼的丈夫、身为陆军中将的王庚，听说陆小曼要为了徐志摩同自己离婚时，放话出去要杀了徐志摩，徐志摩还跑到欧洲躲了一阵子。

但坊间仍然传，徐志摩是因为林徽因与梁思成互定终身后，因为失意，才追求陆小曼的，说徐志摩和陆小曼那场热恋，“很有点做作的味道”。这些传闻加上陆小曼在北京的剧场亲眼所见的徐对林那种痴迷的目光，都让以后成为徐志摩妻子的陆小曼耿耿于怀。

徐志摩与陆小曼结婚后，1927 年的圣诞节，雕塑家江小鹣因为庆祝天马会成立十周年，要在上海举行一次盛大的京剧公演，请了陆小曼来助阵，两天公演的戏码，都由陆小曼来唱大轴。其中一出《三堂会审》，陆小曼演苏三，翁瑞午演王金龙，江小鹣演蓝袍，而红袍一角，陆小曼则硬要拉着徐志摩去演，陆小曼一定是想到北京东单三条协和小礼堂里的那场《齐德拉》了。任性又不服输的陆小曼一定在想，你与前女友做过的浪漫事情，要与我也做一次，但相比演出《齐德拉》时的炽烈和兴奋，他对于出演《三堂会审》却十分不情愿，演出后，他无奈地写道：

我想在冬至节独自到一个偏僻的教堂里去听几折圣诞的和歌，但我却穿上臃肿的袍服上舞台去串演不自在的“腐”戏。我想在霜浓月淡的冬夜独自写几行从性灵暖处来的诗句，但我却跟着人们到涂腊的跳舞厅去艳羡仕女们发金光的鞋袜。

徐志摩这样的反应，陆小曼的内心又感受到了一万点的伤害。

陆小曼热衷于打扮，喜奢华闪亮服饰，而林徽因大多数时间则以素布旗袍或者英伦风格的呢子大衣为主。

徐志摩曾经对陆小曼说：“我爱你朴素，不爱你奢华。你穿上一件蓝布袍，你的眉目间就有一种特异的光彩，我看了心里就觉着不可名状的欢喜。朴素是真的高贵。”

而在陆小曼看来，徐志摩终究喜欢的还是林徽因那款女人。

与徐志摩结婚后，陆小曼也不愿意离开上海，一直住在上海的福煦路四明村，但北京才是徐志摩的据点，他回国后，便在梁启超为馆长的北京松坡图书馆担任英文秘书，并在30年代，应胡适之邀，任北京大学教授，兼北京女子师范大学教授。他说：“上海生活于我确实不相宜，再兼北方朋友多。”所以婚后的徐志摩总是北京、上海两地奔波。除了陆小曼不想离开自己熟识的交际场所，也有部分原因是，林徽因也是住在北京的，毕竟，眼不见心不烦。

一个人一旦接手另一个人，就要接手他 / 她的前生今世，前任拍拍屁股走人了，留继任者品尝个中滋味，前任随便一个举动，都会让继任者心中起波澜，继任不好当，后来者会在心里暗自较量、比较。

有了林徽因这样的前女友也真是倒霉，不管对于之后的林洙还是陆小曼来说，她都是一团巨大的阴影。还是林徽因聪明，不顾当年徐志摩的热烈追求，选择了零绯闻的梁思成作为终身伴侣，尽管在她去世后，梁思成又与学生林洙结了婚，但那场备受争议的婚姻已是林徽因去世后 7 年的事情了，那些身后之事都与她无关了。活着的时候，她永远都是被深爱的那个人，在每一段感情中都是女主角。

对于陆小曼来说，大概有着这个“前女友”的激励，她才渐渐从堕落的生活中走出来，潜心画画，她的工笔花卉和淡墨山水画被大师刘海粟评价为“颇见宋人院本的传统”。这样看来，她应该在心底感谢林徽因。

很多年过去后，徐志摩与林徽因都已经去世，暮年的陆小曼对跟她学画的学生方晦谈起林徽因和徐志摩的爱情时，也平心静气地觉得他俩确实“很配”。

凌叔华｜徐志摩的“康桥日记”谜案

大概，凌叔华是唯一一个将林徽因气得“通宵未睡着的人”吧。

凌叔华出身京城豪门，在文学创作和绘画方面都颇有成就。当时与林徽因、冰心并称“文坛三才女”。她在北京史家胡同 24 号那个有 99 间房的豪华大宅院的文化沙龙——“小姐家的大书房”，比林徽因的“太太的客厅”还早了 10 年。泰戈尔在访华期间曾做客凌叔华的客厅，大小姐凌叔华以现磨的杏仁茶、订制的精美点心招待泰戈尔，还缝制了一顶镶白玉的中国便帽送给他，哄得泰戈尔对其大加赞赏。只不过，林徽因的“太太的客厅”后来者居上，聚集了很多欧美留学的同学和文学圈名人，成为名气最大的文艺沙龙。

林徽因去美国留学后，徐志摩遇到了已婚的陆小曼，并与之陷入热恋中。这场恋爱在当时犹如一记重磅炸弹投入文化圈，前情尚未理顺的徐，又陷入不伦之恋中，心情芜杂的他，便离开北京，去欧洲散心。临行之前他把一个装有手稿的小皮箱（后被称为：八宝箱）交给凌叔华保管。这里面有他在英国康桥时期追求林徽因时写的“康桥日记”，还有从英国回到中国后继续追求林徽因的“雪池胡同”时代的日记，以及与陆小曼热恋时，每隔两三天一封的火辣情书。

徐志摩之所以把这么重要的私人物品交给凌来保管，因为凌叔华是其“友达以上，恋人未满”的朋友。他们是在泰戈尔访华期间相识，随后往来频繁，凌叔华日后也成为新月派的主要成员，在徐志摩主编的文学刊物中发表了很多作品。在林徽因与梁思成结伴去美国后，在与陆小曼陷入热恋之前的空窗期，情感上失去依托的徐志摩把苦闷大都倾诉给了凌叔华。两人曾频繁地通信，长达数月，他们之间有过小小的暧昧，甚至在当时，连徐志摩的父亲也以为凌叔华将是徐志摩的第二任夫人，但在陆小曼出现之后，这段关系就戛然而止。不久之后，徐志摩便排除万难，与陆小曼同居，凌则迅速地嫁给了陈源[①]。双方都否认传闻中的暧昧，徐志摩对友人说过："女友里叔华是我一个同志。"凌叔华说："志摩与我一直情同手足，他的事，向来不瞒人，尤其对我，他的私事也如兄妹一般坦白相告。"

徐志摩不是那种心重的人。他从欧洲顺利回国后，陆小曼的丈夫王庚同意离婚，徐便急切地公开了与陆小曼的恋爱，并忙于筹备结婚典礼，沉浸于新婚的喜悦中，一直没有去取回箱子。同一年，也就是1926年，凌叔华随丈夫旅居日本，想找他还箱子，他也没要。到了1929年，凌叔华离开北京，随夫去武汉后，把箱子交给母亲，让她转交给徐志摩。当时是林徽因、梁思成，还有金岳霖的女朋友Taylor同徐志摩一起去的凌家。那时凌叔华住在林徽因少女时期居住的雪池胡同，她买下当年雪池胡同的林府，一半自住，另一半租给了金岳霖。不过，在凌母把箱子交给徐志摩时，徐志摩大叫："我锁的，如何开了，这是我最要紧的文件箱，如何无锁，怪事——"并说丢失了一些东西，这是八宝箱事件其中一个谜，箱子为什么被打开，又丢失了什么？没有人知道了。后来，徐志摩不知何时，又将这个箱子交给了凌叔华继续保管，大概是因为交给林徽因也不行，担心林看到陆小曼写的骂她的日记，交给陆小曼也不行，因为此前陆小曼曾读到过"雪池日记"，

① 字通伯，笔名陈西滢。林徽因与父居住伦敦时，在英国留学的他是林长民居所的常客。

并且非常生气，还说过要烧了它的话。所以，徐志摩把八宝箱继续放在凌处保管。没想到，日后，八宝箱引发了北京、上海文化圈里巨大的乌龙事件。

林徽因回国之后，徐志摩曾经对她说过，箱子里面有关于她的日记，并说，如果她想读，可以随时送给她读，或者送给她留作纪念，但谁都没有想到徐志摩会猝不及防地离世。人还在的时候，在那些文字可以随时取阅的时候，反而一直拖着未读，人不在了，当事人们都开始紧张忙碌起来，无论林徽因还是陆小曼，都想要先读到箱子里的文字。

徐志摩去世后，他文艺界的朋友们——胡适、沈从文、叶公超等人提议要把他的文字结集出版，林徽因于公于私，都是重要的参与人。于是，她便写信给凌叔华找她要回关于自己的那部分日记，不管“康桥日记”里有没有秘密，一个人想要知道她从前的恋人是怎样写他们之间的事，是最正常不过的，她在给胡适的信中写道：“我也不会以诗人的美谀为荣，也不会以被人恋爱为辱。……我只是要读读那日记，给我是种满足，好奇心满足，回味这古怪的世事。”但是她的请求不是被推托、拒绝，就是约好上门取日记后被临时放了鸽子，几次三番，最后，凌叔华只给林徽因留了一封信搪塞：“昨归遍找志摩日记不得，后捡自己当年日记，乃知志摩交我乃三本：两小，一大，小者即在君处箱内，阅完放入的。大的一本（满写的）未阅完，想来在字画箱内（因友人物多，加意保全），因三四年中四方奔走，家中书物皆堆叠成山，甚少机缘重为整理，日间得闲当细捡一下，必可找出来阅。此两日内，人事烦扰，大约须此星期底才有空翻寻也。”但作为陆小曼的好朋友，凌叔华则积极主动表示要把箱子里的物品交给她，也就是说，其实，凌叔华并不是找不到，只是出于一些私人的原因不愿意交给林徽因。

林徽因只好求助时任北大文学院院长的胡适，在胡适的施压之下，凌叔华将箱子交了出来，不过不是给林徽因，而是交给了胡适，但胡适转手便交给了林徽因，他也并非讨好林徽因，其主要目的是让林徽因整理、编辑，以便于出版成册。但林徽因查看之后，失望地发现，她最想要的那本“康桥日记”是不完整的，她写信给胡适说“收到半册而这半册日记正巧断在刚要遇到我的前一两日”。她忽然想到，徐志摩曾经对她说起过，那次从凌母手中接过箱子时，发现箱子被打开，并丢失了东西。又听张奚若说，凌叔华曾经对沈性仁说过，不想把“康桥日记”给林徽因。凌叔华的一系列举动彻底激怒了她，林徽因平日里虽然爱说话，爱表达，却从不口无遮拦，她很少会在别人背后说坏话，但她在写给胡适的信中毫不客气地指责了凌叔华，这大概是林徽因生气最为严重的一次，气得她说：

我为人直爽性急，最恨人家小气曲折说瞎话。此次因为叔华瞎说，简直气糊涂了。我要不是因为知道公超看到志摩日记，就不知道叔华处会有的。谁料过了多日，向她要借看时，她倒说“遍找不得”“在书画箱内多年未检”的话。真叫人不寒而栗！我从前不认得她，对她无感情，无理由的，没有看得起她过。后来因她嫁通伯，又有“送车”等作品，觉得也许我狗眼看低了人，始大大谦让真诚的招呼她，万料不到她是这样一个人！真令人寒心。

而凌叔华得知胡适将箱子交给林徽因后，也非常不高兴，她不高兴中还有很多不安，因为箱子里有陆小曼的日记，陆小曼一直对林徽因颇多不满，日记里少不了写她的坏话，而凌叔华与陆小曼是好朋友，这样一来，陆小曼的日记全部被林徽因读了个遍，她气呼呼地写道："算了，只当我今年流年不利了吧。我永远未想到北京风是这样刺脸，土是这样迷眼，你不留神，就许害一场病。这样也好，省得总依恋北京。"

而为徐志摩编辑遗稿的胡适，读了八宝箱里的"康桥日记"后，也因为凌叔华此前迟迟不愿意交出八宝箱和交出的日记缺页而生她的气，他在日记中写道：

为了志摩的半册日记，北京闹得满城风雨，闹得我在南方也不能安宁。今天日记到了我的手中，我匆匆读了，才知道此中果有文章。

我查此半册的后幅仍有截去的四页。我真有点生气了。勉强忍下去，写信去讨这些脱页，不知有效否。

后面是今早还日记的原书。这位小姐到今天还不认错！

他在日记中直接称呼凌叔华为"这位小姐"，连名字都没提。

其实，凌叔华一直不愿意配合林徽因，也有一部分原因是与林徽因当年太风光有关。早在泰戈尔访华时，她对林徽因便有介怀。那时候，报纸上关于泰戈尔访华的新闻报道，总是少不了林徽因，《晨报》有篇文章还感叹道："中国千金丽质，与泰氏周旋者，林女士一人而已。”而当时，凌叔华与好友陆小曼也是重要的参与者，凌代表燕京大学写邀请函，后又在凌府招待泰戈尔，出席的人有陈师曾、齐白石、胡适、徐志摩等；陆小曼则帮忙在剧场门口卖《齐德拉》的演出剧报。一个大才女，一个大美女，就被这样忽视了，不管是媒体还是男人们，目光里只有林徽因，凌叔华心有不甘，写文章反驳道：

中国女子与泰氏周旋者，确不止林小姐一人，不过“丽质”与否，不得而知。但是因她们不是“丽质”，便可以连女子资格也取消吗？中国女子虽不爱出风头，像西洋太太小姐那样热烈欢迎，可是我知道北京中等学校以上的女士，已经有几群下请帖请过泰氏。

并且，在林徽因回国后，原先那个在凌叔华面前苦闷的徐志摩，对林徽因又像从前一样痴迷，自然会冷落到凌叔华，并还曾对林说过“叔华这人小气极了”的话，凌心里也会多少有点酸楚。只要林徽因在，其他人都是要靠边站的，为什么好事都让林徽因一个人占尽？

另，徐志摩去世后，凌叔华也想要编一本“志摩信札”，找林徽因要她与徐志摩之间的书信手稿，林徽因告诉她旧信全在天津，怕一时拿不出来，并且百分之九十为英文所写，拿出来也不能印，相当于当面直接拒绝了凌叔华。这些事情都导致了凌叔华日后对归还林徽因“康桥日记”的不痛快。林徽因大概猜测出了凌叔华不愿意交出日记的原因，所以在给胡适的信中，直言希望凌叔华能大方一些，说：“像她这种有相当学问知名的人也该学点大方才好。”

林徽因对于她喜欢或者不喜欢的人和作品，无论赞美还是批评都是坦荡地表达在明面上。有次，在朱光潜家的“读诗会”中，她曾当面数落梁宗岱的一首诗，梁不服，两人还在“读诗会”上抬起杠来。林徽因历来就是这样利落、坦荡的性格，可能对于男人来说可以接受，甚至会继而欣赏起来，而对天生带有“小气”性格的女人来说，有些过于直接。

不过，林徽因到底不是小气的女人，她自己一直秉承着大方的做人原则。1936 年，她主编了一本《大公报文艺选刊：小说选》，一共选入 17 篇小说，其中就有凌叔华写的一篇《无聊》。在 1948 年的时候，作家赵清阁去林徽因家里拜访她，其间，谈到英国电影时，她由此想到已经去英国定居的凌叔华，并主动与赵清阁谈论她，说为她能定居英国感到高兴和羡慕。

冰心｜“太太的客厅”引发的醋意

冰心和林徽因都是福建人，冰心的丈夫吴文藻与林徽因的丈夫梁思成是清华学堂的校友，他们还是住过同一个宿舍的室友。林徽因和梁思成在美国宾夕法尼亚读书的时候，冰心和吴文藻也在美国留学，冰心在波士顿的威尔斯利女子大学读英国文学专业，吴文藻在纽约的哥伦比亚大学读社会学。他们在美国读书时，曾经有过一次“Double Date（两对情侣的约会）”，还留下过一起野炊的照片。但后来，回国之后的梁、林的主要生活圈子里就少了冰心和吴文藻，只见冰心与林徽因在文字上暗中较量着。

20 世纪 30 年代，林徽因在香山养病期间开始文学创作，这段时间，她不需要插手家里烦琐的杂事，也不用去小县城考察古建筑，她的第一首诗《谁爱这不息的变幻》以“徽音”为笔名发表在徐志摩主编的《诗刊》上。此后，她的诗歌、小说，便一篇接一篇地在《诗刊》《新月》《北斗》《大公报》《文学杂志》等杂志陆续发表，《那一晚》《仍然》《激昂》《一首桃花》《山中一个夏夜》《笑》《深夜里听到乐声》《情愿》及短篇小说《窘》，都在这个时期发表，在当时文坛掀起一阵不小的波浪，被很多读者喜欢。她被视为当时不可多得的才女，加之她人也漂亮，出身名门，成为传说中的人物，文化圈的人提到她，都尊敬地称她为：小姐。

那时，林徽因不但自己创作很多文学作品，还负责编辑《大公报·文艺丛刊·小说选》和《文学杂志》。她又乐意于提携新人，在杂志上读到写得好的文章，就会邀请作者来她在北总布胡同三号的家里（后来成为著名的“太太的客厅”）吃茶、聊天，很多人在文坛初露头角的时候，都得到过林徽因的提携。

当时，李健吾在《文学季刊》上发表《包法利夫人》的评论被林徽因读到，她很喜欢，便写长信给他，邀请他来“太太的客厅”一叙；刚从辅仁英文系转到燕京新闻系的三年级生萧乾在沈从文主编的《大公报·文艺》发表了他的小说处女作《蚕》，林徽因读到后，大加赞赏，也邀请他来“太太的客厅”。当时北平文艺圈的很多人以被邀请到“太太的客厅”做客为荣，胡适、徐志摩、金岳霖、沈从文、朱光潜、萧乾、费慰梅夫妇都是她的座上嘉宾，很多文坛新人也都想目睹传说中的才女加美女的林徽因的风采。萧乾曾写文回忆了第一次被邀请到“太太的客厅”时的诚惶诚恐：

我穿着一件新洗的蓝布大褂，先骑车赶到达子营的沈家，然后与沈先生一道跨进了北总布胡同徽因那有名的“太太的客厅”。

一个建筑师在文学圈掀起如此波浪，而作为职业作家的冰心那边就感到寂寞了。

1933年，冰心写了一篇小说《我们太太的客厅》在天津《大公报》上连载，随即便在北平、上海的文学圈引起轩然大波。这篇文章以“太太”为主角，围绕着“太太”身边的一众画家、诗人、哲学家们粉墨登场，一举一动，一言一行，又滑稽又虚伪做作。整篇文章极尽讽刺。几乎林徽因身边的所有人，梁思成、徐志摩、金岳霖、费慰梅甚至女儿梁再冰，都可以在这篇文章中找到自己的影子，每个人都被淋漓尽致地讽刺了一番：

我们的太太从门外翩然的进来了，脚尖点地时是那般轻，右手还忙着扣领下的衣纽。她身上穿的是浅绿色素绉绸的长夹衣，沿着三道一分半宽的墨绿色缎边，翡翠扣子，下面是肉色袜子，黄麂皮高跟鞋。头发从额中软软的分开，半掩着耳轮，轻轻的拢到颈后，挽着一个椎结。

我们的太太是很少同先生一块儿照相，至少是我们没有看见。

我们的先生自然不能同太太摆在一起，他在客人的眼中，至少是猥琐，是市俗。谁能看见我们的太太不叹一口惊慕的气，谁又能看见我们的先生，不抽一口厌烦的气?

哲学家背着手，俯身细看书架上的书，抽出叔本华《妇女论》的译本来，正在翻着，诗人悄悄过去，把他肩膀猛然一拍，他才笑着合上卷，回过身来。他是一个瘦瘦高高的人，深目高额，两肩下垂，脸色微黄，不认得他的人，总以为是个烟鬼。

袁小姐走了进来，看见我们的太太两手支颐，坐在书桌前看着诗，便伏在太太耳边，问："这个外国女人是谁?"我们的太太一面卷起诗稿，一面站了起来，伸了伸腰，懒懒的说："这是柯露西，一个美国所谓之艺术家，一个风流寡妇。前年和她丈夫来到中国，舍不得走，便自己耽搁下来了。

而五岁的年纪，彬彬已很会宛转作态了。可惜的是我们的太太是个独女，一生惯做舞台中心的人物，她虽然极爱彬彬，而彬彬始终只站在配角的地位。（以上节选自《我们太太的客厅》）

还是老实的金岳霖硬是给这篇文章找了一点儿现实意义来自我安慰，说这篇小说"也有别的意思，这个别的意思好像是30年代的中国少奶奶们似乎有一种'不知亡国恨'的毛病"。

从山西考察回来的林徽因读了之后，也没有什么激烈的情绪，只是淡淡地派人送了一瓶山西老陈醋给冰心，意思是：您这是吃醋了。对于要强的林徽因来说，她心里是不太屑于把冰心当成自己公开的敌人的。留学时，冰心写了《寄小读者》，林徽因不太看得上这样的作品。

其实，客观地说，太太的客厅不像冰心写的那样虚伪、肤浅。那时候，北平文人中有很多以家庭为据点的主题沙龙，最有名的便是林徽因的太太的客厅。实际上，那是个积极表达观点，新式思想碰撞的地方，大家聚集在太太的客厅，吃茶、喝咖啡、吃自制的点心、聊一些有趣的话题。

林徽因出身大家族，又嫁入大家族，喜欢张罗文学方面的事情，在美国生活多年，有新鲜的思想和有趣的观点，自然会吸引一众倾听者和仰慕者。

对于林徽因来说，文学只是她的爱好，建筑才是她的本分，但是在文学上有着这样高的地位，甚至，美术系出身的她，被聘请为北平女子文理学院外语系讲授英国文学的课程。傅斯年在写给朱家骅的信中说起林徽因，说她是“今之女学士，才学至少在谢冰心辈之上”。如此一来，职业“作家”冰心内心应该难以释怀。

尽管后来冰心一再否认《我们太太的客厅》那部小说是在讽刺林徽因，甚至坦白说，其实“太太”的原型是陆小曼。但读其中段落，一眼便看出写的是林徽因。冰心宁可承认写的是陆小曼，也不愿意承认是林徽因，大概是因为她自己也觉得，对林徽因，这样的挖苦有点不够理直气壮吧。

其实，早在1931年，丁玲主编《北斗》时，曾向冰心约稿，冰心写了一首长诗《我劝你》发表在《北斗》的创刊号上。

《我劝你》

只有女人知道女人的心，

虽然我晓得
只有女人的话，你不爱听。
我只想到上帝创造你
曾费过一番沉吟。
单看你那副身段，那双眼睛。
（只有女人知道那是不容易）
还有你那水晶似的剔透的心灵。
你莫相信诗人的话语；
他洒下满天的花雨，
他对你诉尽他灵魂上的飘零，
他为你长作了天涯的羁旅。
你是女神，他是信徒；
你是王后，他是奚奴；
他说．妄想是他的罪过，
他为你甘心伏受天诛。
你爱听这个，我知道！
这些都投合你的爱好，
你的骄傲。
其实只要你自己不恼，
这美丽的名词随他去创造。
这些都只是剧意，诗情，
别忘了他是个浪漫的诗人。
不过还有一个好女人，你的丈夫……
不说了！你又笑我对你讲圣书。

我只愿你想象他心中闷火般的痛苦，
一个人哪能永远胡涂！
一个人哪能永远糊涂，
有一天，他喊出了他的绝叫，哀呼。
他挣出他胡涂的罗网，
你留停在浪漫的中途。
最软的是女人的心，
你也莫调弄着剧意诗情！
在诗人，这只是庄严的游戏，
你却逗露着游戏的真诚。
你逗露了你的真诚，
你丢失了你的好人，
诗人在他无穷的游戏里，
又寻到了一双眼睛！
嘘，侧过耳朵来，
我告诉你一个秘密：
“只有永远的冷淡，
是永远的亲密！”

整首诗都是站在一个说教的角度，劝诫一个“有夫之妇”不要被“诗人”的甜言蜜语所诱惑。冰心发表这首诗时候，正是林徽因从沈阳的东北大学辞职，回到北京香山养病的时段。那时，分别许久的徐志摩和林徽因又重新往来，关于他俩的“浮言”四起，人们很容易把这首诗与他俩联系到一起。

冰心在情感方面比较正统，道德感强，属于“教育型”人格，自然看不惯林徽因与梁思成结婚后仍然与徐志摩交往过密。并且林徽因的很多作品是发表在徐志摩主编的刊物上，冰心总想着站出来说点什么，但又不明说。而受过西方教育的林徽因一直都清楚自己和徐志摩的关系，对于一些浮言，她也有自我调整的能力。

民国不同领域的才女们，无论是作家、画家、电影明星，如林徽因、陆小曼、萧红、阮玲玉、唐瑛，等等，都算是那个年代的 Gossip Girl（绯闻女孩），除了阮玲玉外，这些民国女子们大都有应对绯闻的心理准备。萧红还说过：“当我死后，或许我的作品无人去看，但肯定的是，我的绯闻将永远流传。”

所以，对于这样的诗歌劝说，她未做任何回应。

但冰心却一直为此愤愤不平。在徐志摩飞机失事后，冰心又写信给梁实秋谈论这事：

我和他从来就不是朋友，如今倒怜惜他了，他真辜负了他的一股子劲！谈到女人，究竟是“女人误他”还是“他误女人”也很难说。志摩是蝴蝶，而不是蜜蜂，女人的好处就得不着，女人的坏处就使他牺牲了。

言语中，透露出为徐志摩执着于林徽因的不值得。如此，几次三番，之前结下的“梁子”终于化成一篇《我们太太的客厅》。

抗日战争期间，北平的学人们在往西南迁徙的途中，大都过着颠沛流离的艰辛生活。但冰心因与宋美龄是马萨诸塞州威尔斯利学院校友，得到了宋美龄的邀请，去重庆参与抗战工作，也因此由宋美龄亲自给她安排了从昆明直飞重庆的飞机。

那时的战区，一切像样的交通工具都得被征去，为抗战服务。其他人在逃难时，几乎都得把全部家当扔掉，而冰心睡惯的一张席梦思大床垫，却奢侈地占用了一辆专用大卡车拉到重庆。事后，冰心还写过三篇赞美宋美龄的文章。曾经写《我们太太的客厅》讽刺 30 年代的中国少奶奶们“不知亡国恨”的冰心，自己却享受着特殊的高规格待遇。

而那时的林徽因和其他向西南转移的教授们，因为自己是手无缚鸡之力的文人，深为不能为国家效力而懊恼。其实，不管林徽因，还是梁思成，都不是会动用关系为自己谋取私利的人。他们受到的良好教育，使得民主、平等的观念已渗透进他们的日常行为里。

比如：1946 年，他们的女儿梁再冰报考清华落榜，梁思成和林徽因，一个是清华大学建筑系主任，一个是清华大学建筑系教授，他们却没有利用这其中的关系为其周旋，而是直接让女儿上了录取分数稍微低一些的北京大学。

因此，林徽因很看不惯冰心的做法。在写给好友费慰梅的信中，她说：

但是朋友“Icy Heart”却将飞往重庆去做官（再没有比这更无聊和无用的事了），她全家将乘飞机，家当将由一辆靠拉关系弄来的注册卡车全部运走，而时下成百有真正重要职务的人却因为汽油受限而不得旅行。她对我们国家一定是太有价值了！很抱歉，告诉你们这么一条没劲的消息！

英文很好的林徽因，把冰心的名字直接翻译成"Icy Heart（冰冷的心）"，字里行间，都透露着不屑。

不过，到了20世纪80年代，当记者再问起冰心与林徽因的关系，冰心则回忆说：

1925年我在美国的绮色佳会见了林徽因，那时她是我的男朋友吴文藻的好友梁思成的未婚妻，也是我所见到的女作家中最俏美灵秀的一个。后来，我常在《新月》上看到她的诗文，真是文如其人。

说这话的时候，林徽因已经去世30多年了，冰心也已80多岁，早已功成名就。大概，再多的恩怨、芥蒂，也都烟消云散了吧。

贰
与费正清费慰梅夫妇 | 一生的朋友

北平初相遇

对于感情丰沛、喜欢表达自我和喜欢朋友环绕身边的林徽因来说，每一个与朋友在一起的日子，都是她人生中最闪亮的时刻。她是离不开朋友的人。七七事变之后，她从北京向西南迁徙之前，在一封给沈从文的信中写道：“东西全弃下倒无所谓，最难过的是许多朋友都像是放下忍心的走掉。”

在林徽因和梁思成诸多的好友中，费正清和费慰梅夫妇是林徽因夫妇生命中不可忽视的存在。他们与梁氏夫妇在和平时期的惺惺相惜，在战乱中的患难与共，让他们的友谊持续了一生，并一直延伸到他们的晚辈。

1932 年，25 岁的费正清和 23 岁的费慰梅来到北京。那时的他们还是一对无忧无虑、对“古老中国”有着共同兴趣的大学生。他们不远万里从大洋彼岸来到中国，在北京西总布胡同的一个四合院里住了下来，并举办了简单的婚礼。

在牛津大学攻读博士学位的费正清想要研究的是中国的社会问题，毕业于哈佛拉德克利夫女子学院（Radcliffe College）艺术史系的费慰梅感兴趣的是中国的艺术和建筑。

那时他们还不叫费正清和费慰梅，他们分别是来自美国南达科他州的 John King Fairbank（约翰・金・费尔班克），和来自马萨诸塞州剑桥镇[1]的 Wilma Canon Fairbank（威尔玛・坎农・费尔班克）。费正清和费慰梅是梁思成后来为他们取的中文名。

初到北京的费氏夫妇只会说零星的汉语，在北京也没有朋友。在这年的秋天，在一个外国人办的美术展上，费慰梅夫妇遇到了英语流利的林徽因夫妇，并与熟悉美国文化的他们一见如故。四人年纪相仿，费慰梅又对中国的艺术充满了好奇，刚好遇到同样对艺术感兴趣的林徽因，聊至尽兴，分手的时候，林徽因要了他们的地址，才发现两家住处也只有几百米的距离。

从此，好客的林徽因便常常邀请他们到家中做客，参加她和朋友们的"星期六聚会"。自此，费正清和费慰梅不再像初到北京时单枪匹马地做研究了。他们结识了当时中国的一群有趣的知识分子。到了第二年，在这些朋友们的引荐下，费正清还去了清华大学任教，这让他对中国的研究更加方便和深入了。

后来，费正清和费慰梅都成为美国最著名的中国问题专家，费正清被美国人称为研究中国历史之父，美国社会说他们"二次大战后在美国几乎是单枪匹马地创造了现代中国研究的领域"。1972 年，美国总统尼克松访华时，带的随行人员中就有费氏夫妇。

林徽因在美国读书的时候，曾经接受过当地一家叫《蒙塔纳报》报纸的访问，被问及她对美国女孩的看法时，她说，她更喜欢跟美国的女孩子交朋友，因为在她看来，中国女孩子的价值观大多来自家庭，英国的女孩则大都做作矜持，而美国女孩身上则有一种令她感兴趣的自由、民主的精神。

---

① 这个"剑桥"是指是美国马萨诸塞州波士顿市紧邻的一个市，这里是两所世界著名大学——哈佛大学和麻省理工学院的所在地，是费正清的故乡。

费慰梅这个与她有诸多共同话题可聊的美国女孩如从天而降般走入她的生活，让她从心底感到快乐，她说：“我从没料到，我还能有一位女性朋友，遇见你真是我的幸运，否则我永远也不会知道和享受到两位女性之间神奇的交流……”

晚年的费慰梅回忆她与林徽因的交往，说：

对于我闯入梁家的生活，起初是徽因母亲和用人疑惑的眼光，尽管有种种不适，但不久我们的来往得到了认可。我常在傍晚时分骑着自行车或坐人力车到梁家，穿过内院去找徽因，我们在客厅一个舒适的角落坐下，泡上两杯热茶后，就迫不及待地把那些为对方保留的故事一股脑倒出来……

看林徽因的一生，她大概也只有费慰梅这一个亲密的女性朋友。其他女人，提到林徽因时总是不自觉地站在一个比她低的角度仰望着她，或者有意地疏远她。而与费慰梅，她们不但可以一起聊共同喜欢的建筑、艺术，她也可以将自己心底最自私、隐秘的想法和家庭琐事对她和盘托出。

那时，出入“太太的客厅”的人里面，除了恋爱观前卫的老金，还有一帮在其他领域有着前卫思想的海外留学归来的学者，再加上费慰梅夫妇这对身材高大、金发碧眼的外国人。难怪当时，每每女儿到梁思成家里玩，思想保守的梁思顺都要迅速地把女儿接回家。

在他们相识后的第二年的夏天，费氏夫妇的朋友阿瑟·汗墨博士把他在山西汾州的住处暂借给他们一个夏天。此前，林徽因总在她面前抱怨自己的时间被家里烦琐的事务占据了，费慰梅便热切地邀请林徽因夫妇来此地考察，顺便把林徽因从家务琐事中解脱出来。

那是军阀混战时期，吃住行都条件简陋，特别是到了乡村之后，简陋更会翻倍。运气好的时候他们能租到外国人的吉普车，或者吃到外国传教士提供的热汤饭；运气不好的时候，就只能干啃自带的干粮，靠自己的双脚踏着泥泞的山间小路前行。

那一次山西之行，他们用七天的时间考察了八个县，度过了甘苦参半的七天。他们一起分享简陋的餐食，一起感受发现一座古代庙宇的欢乐。有一个晚上，他们在一座古寺中住了下来，费慰梅和费正清把简陋的床铺支在大殿外的空地上，在雨后山谷清新的空气里，望着庙宇上空的繁星与在大殿内搭地铺的林徽因和梁思成，一边聊天，一边进入梦乡。那是一段虽苦却值得回味的充满诗意的时光。

山西之行以后，他们的关系更加亲密起来。到了1936年，费氏夫妇在中国完成一个阶段的研究返回美国的时候，他们已成为依依不舍的老朋友了。临行前，费慰梅为林徽因画了一幅画像。林徽因则送给费氏夫妇很多中国的传统服饰，并在他们回国后，将家族传下来的一只红色古董皮箱寄给他们做纪念。

人生不过是，相聚又别离

在费氏夫妇离开中国的第二年，中日战争打响。北平安逸、祥和的时光被彻底打乱，林徽因和梁思成以及他们的朋友们开始了向西南大后方逃亡的生活。1937年到1945年间，他们沿着北京—天津—长沙—昆明—李庄这条路线，一路向后方转移。他们每在一处落脚便会写信给远在美国的费慰梅夫妇，将路上所发生的一切以及亲眼所见的中国的处境告诉他们，事无巨细。她毫不避讳地给他们描述着狼狈的逃难生活：

在日机对长沙的第一次空袭中，我们的住房就几乎被直接击中。炸弹就落在我们的临时住房大门十五码的地方，在这所房子里我们住了三间……可还没来得及下楼，离得最近的炸弹就炸了。它把我抛到空中，手里还抱着小弟，再把我摔到地上，却没有受伤。同时房子开始轧轧乱响，那些到处都是玻璃的门窗、隔扇、屋顶、天花板，全都坍了下来，劈头盖脑地砸向我们，我们冲出房门，来到黑烟滚滚的街上……

我们所有的东西——现在已经不多了——都是从玻璃碴中捡回来的。眼下我们在朋友那里到处借住。

我们在令人绝望的情况下又重新上路，每天凌晨一点，摸黑抢着把我们少得可怜的行李和我们自己塞进长途汽车……

日本鬼子的轰炸机或歼击机的扫射都像是一阵暴雨，你只能咬着牙关挺过去……（此书信为节选）

费慰梅夫妇是林徽因夫妇逃难时期的一线光亮，是那段长达9年灰暗日子里的寄托。

直到1942年，已经在美国华盛顿政府任职的费正清，终于有机会再次来到中国。那年8月中旬，费正清从美国启程，经过大西洋中部的亚森欣岛，穿过非洲到埃及，又横渡印度洋到印度，再飞越过喜马拉雅山的“驼峰航线”，历时一个多月，才再次到达中国。

那时，梁思成、林徽因所在的中国营造学社为了就近利用“中央研究院”史语所的图书资料，和躲避越来越密集的日军轰炸，离开昆明搬到四川省南溪县李庄镇生活。

9月底，在陪都重庆安顿下来的费正清，终于见到了前来重庆筹集研究资金的梁思成，隔了6年的重逢，使他们感到兴奋又热烈，他们足足握了5分钟的手。费正清为梁家带了自来水笔、手表、奶粉、药物等生活所需物品，并嘱托他们把自来水笔和手表等卖掉，以换取生活基本所需。

卧病在床的林徽因在见了老友之后，病情竟然慢慢好转。第二年，她便鼓励梁思成把一直以来都想完成的《中国建筑史》的图稿在这段时间整理完，做成黑白片子，加上中英文注解，在美国出版。这个想法也得到费正清的大力支持，他不但答应协助梁氏夫妇把黑白片子在他工作的新闻处缩印，还为他们请了一位美国摄影助理，协助他们拍摄和制作缩印的胶卷。被战争耽误掉太多时间的梁氏夫妇兴奋地夜以继日地工作，在当年的11月就全部整理完成，他们拷贝成两份，自己保留了一份，一份交给了费正清。

又过了三年，1945年的夏天，费慰梅终于也千山万水地再次来到中国，在美国大使馆的总部所在地重庆任文化参赞。那时的梁思成被任命为中国战地文物保护委员会副主席，费慰梅到达重庆的时候，他也在重庆履行着他副主席的责任，他们得以在重庆相聚。而当时的林徽因，正在李庄卧病。

有一天晚上，费慰梅和梁思成，还有两位青年作家，在美国大使馆的餐厅用餐完毕，忽然听到警报声，他们以为又是空袭，紧张地走出门外，当他们走出餐厅，却见山底下的街道突然涌出来很多人，他们在奔跑，在大叫，在欢呼，随后，鞭炮声也噼里啪啦热闹得响彻整座山城，不，应该是整个中国，这一刻，他们才知被战争蹂躏了 8 年的中国抗日战争胜利了。

大街上，无论认识和不认识的人，都握手庆祝，梁思成战地文物保护委员会的同事们也在喝酒、跳舞庆祝。这么重要的时刻，林徽因一个人同孩子们在李庄，本来打算晚些时间再去见林徽因的费慰梅，看到梁思成黯然的神色，于是立刻联系了一架要去执行任务的军用直升机，连夜离开重庆，赶到李庄同林徽因一起庆祝这个特别的时刻。

时隔多年，两位老友终于再次相聚。

抗战胜利后，林徽因的精神也好了很多。但因长期住在封闭又无聊的李庄，林徽因心情一直处于郁闷中。那段时间，费慰梅常常把她接到重庆，开着吉普车带“与世隔绝”五年的她外出兜风、散心、看戏，带喜欢热闹的林徽因去大使馆参加宴会，老友的重逢和重新燃起希望的新生活，都让林徽因感到快乐。

费慰梅趁着林徽因在重庆逗留期间，请在大使馆里做中国善后救济工作的著名美国胸外科医生里奥・埃娄塞尔给她做了全面的身体检查，然而结果并不好，埃娄塞尔觉得林徽因的身体状况不适合再住在潮湿的重庆抑或是李庄了，建议她搬到阳光充足的环境养病。适逢费慰梅要去昆明出差，她和林徽因的共同好朋友张溪若、金岳霖等都还住在昆明，她也知林徽因心里惦记着这帮老朋友，等林徽因的身体稍微好一些的时候，便计划把她带到气候更适合肺病病人生活的昆明。

林徽因和朋友们都知道这次飞行需要冒险，但最终林徽因决定冒险飞一次。于是，费慰梅便带着她完成了她生命中第一次飞行，虽然长途的飞行透支了她本来就虚弱的体力，但这次飞行让林徽因的精神振奋了许多，心情也舒畅了。她记录道：

我终于又来到了昆明！我来这里是为了三件事，至少有一桩总算彻底实现了。你知道，我是为了把病治好而来的，其次，是来看看这个天朗气清、熏风和畅、遍地鲜花、五光十色的城市。最后但并非最不关紧要的，是同我的老友们相聚，好好聊聊。前两个目的还未实现，因为我的病情并未好转，甚至比在重庆时更厉害了——一到昆明我就卧床不起。但最后一桩我享受到的远远超过我的预想。几天来我所过的是真正舒畅而愉快的日子，是我独自住在李庄时所不敢奢望的。

费氏夫妇的一生与林徽因夫妇的一生是交织在一起的。林徽因生命中很多美好的时光，都是费慰梅细心安排的。当年，他们在画展偶遇，互相留下地址的时候，并不知道，他们会是彼此的生命里如此重要的人。比林徽因还小 5 岁的费慰梅，成为林徽因的闺密，使得一向被朋友、家人视为依赖的林徽因，在她面前总是会不经意地流露出“小女孩”的一面。她寄给费慰梅那只红色的小皮箱时，附的信中，用这样天真的语气写道：“你看，它是不是很可爱呢？”

研究中国问题的费氏夫妇，知道林徽因夫妇在中国这个古老国度所做的关于建筑的研究，不管是对中国，还是对世界，都是具有开辟性意义的，因此每次在梁林二人陷入困境的时候，他们都出手相助，一直悉心呵护着这对中国朋友。

这两年，因为有费氏夫妇在，林徽因的生活中总是充满了令她感到快乐的重逢，重逢，重逢。

浊酒一壶，余欢尽饮

战争让大家失去往日的安逸生活和安全感。那几年，他们有过几次告别的时刻，在七七事变前夕，在费氏夫妇回美国时，在林徽因肺部感染细菌需要做手术时，甚至在费慰梅与林徽因李庄重逢时，当她看到躺在病床上的瘦弱的林徽因，便嗅到了一丝分别的气息，她说：“我仿佛看到世上所有生命的终场，想到了生命的短暂与偶然。”他们以为以后再也见不到彼此了。林徽因在做手术之前，还郑重地写过一封诀别信给远在美国的费慰梅。所幸，那次她的手术很成功，虚惊一场。那时她们虽然相隔很远，却还能像之前一样通过书信向对方报告彼此的生活。

但到了 1949 年，中美关系已显出恶化的前兆，林徽因在写给他们的一封信中，已有预感，她黯淡地说：“现在我觉得我们大概只有一两个月能自由地给在美国的你们写信了……我觉得憋得喘不上气，说不出话。”

这封信寄出去几日之后，中美便宣布断交，这一别，便是 20 多年，这封信成为他们之间最后一封信。

已经回到美国居住的费慰梅，将这 17 年来与梁氏夫妇交往的照片、林徽因手写的英文信、报纸上关于他们的报道，手工制作成一大册又一大册的豪华精装版相册，每张相片都细心地加了注释。其中有一些信，是写在并不完整、甚至满是褶皱的纸片上，那是在中国一张白纸要一万块钱的通货膨胀时期，林徽因在捡到的残纸上写的。

有时候，一封信写完，还没有写满一整张纸的时候，她会把空白的部分裁下来，留作下次再用。那时候一封信往往要在路上走 50 天，才能到达收信人的手中。就这样，一封封或热情洋溢、或吐槽自嘲的信，在艰苦的日子里，也未曾间断地到达了费氏夫妇的手里。

这一切与林徽因夫妇有关的物件、泛黄的信，都被费氏夫妇认真地珍藏在他们美国东北部的新罕布什尔州森林深处的故居里。在纪录片《梁思成与林徽因》中，费慰梅的女儿向工作人员展示了这些物品，在经过半个多世纪时间的洗礼之后，那些衣物的颜色依然鲜亮，红色皮箱依然可爱，就像他们的友谊，经久不衰。

在举国混乱的战争年代，梁思成的很多关于建筑的手稿、著作都是在费氏夫妇的协助下在美国发表的。林徽因还把很多梁思成的珍贵手稿、胶片托付给费氏夫妇保管，费氏夫妇也未曾失误过。只有一次，在中美互不通信的 1957 年，出了问题。

那时，林徽因已经去世，费慰梅接到梁思成的口信，让她把一包珍贵的研究资料寄给一位在伦敦的刘姓小姐，由她转寄给在北京的梁思成。在此之前，费慰梅从未听说过梁氏夫妇有这样一位朋友，但她还是按照地址寄了过去，并一再嘱托刘小姐，一定要用挂号的形式寄到北京。

但直到 20 多年后，费慰梅才无意中从一位清华大学的教授口中得知，梁思成从未收到那份包裹，也就是说当年刘小姐并未将包裹寄给他。那是梁思成的毕生心血，是他生命最后 14 年的研究里所需的基本资料。当她得知这一消息时，非常愤怒，而这时，梁思成也早已去世。

费慰梅便开始了漫长的追查，她一定要向刘小姐讨个说法，为梁思成，也为她自己。

她通过仅有的一点点关于刘小姐的信息，和当年邮局反馈的复印件，以及众多朋友的协助，终于一步步找到已经移居到新加坡的刘小姐。那位叫 Lau-Wai Chen 的刘小姐也是一位注册建筑师，在费慰梅言辞谴责之下，她终于把这个包裹寄回了北京，虽然整整晚了 23 年，但所幸的是，里面的莱卡胶片和梁思成手绘的画稿都还完好无损。

费慰梅为此专门飞到中国，同梁思成的第二任妻子林洙一起整理并编辑了这些资料，并于四年后，将这本饱含梁思成毕生心血的《图像中国建筑史》在麻省理工学院出版社出版，这本书获得当年美国出版家专业学术书籍出版金奖。

1979 年，中美关系恢复的第 7 年，70 岁的费慰梅和 72 岁的费正清再次来到中国，来到他们年轻时一直痴迷着的国家。

那个时候，北平还很落后，大街上都是土路，树木也少，到了春天，风一起，便尘土飞扬，卖冰糖葫芦的小贩在胡同里穿梭、叫卖，天桥上有玩杂耍的艺人……在30年代的中国，老朋友们聚集在林徽因的客厅里快乐地畅谈艺术、文学，或一起结伴穿过胡同去看戏、看电影，在林徽因那座开着丁香花和马缨花的院子里，频频举杯。

隔了近50年的光阴，原本她熟悉的“有城墙环绕的古老的东方城市”北平，已经改名成一个陌生的叫“北京”的城市了。她和爱人在这里相爱，并在此开始了持续一生的事业，她的老朋友林徽因和梁思成都已经去世，因为政治原因的阻隔，他们甚至都没有见过彼此老去的样子，在他们彼此的眼中，永远都是对方年轻时的样子。

如今，这些时光都已经成为永远的过去。

人去楼空，物事已非。

费慰梅决定拜访还健在的往日北平的老友们，撰写梁思成和林徽因的传记，来记录他们跨越国度、跨越时光的友谊，和那段令人难以忘怀的北平岁月，也让更多人了解梁氏夫妇的风采。

经过10多年的筹备和整理，在费慰梅82岁的时候，《Liang and Lin：Partners in Exploring China’s Architectural Past》终于在美国宾夕法尼亚大学出版社出版。

2010年，此书的简体中文版《梁思成和林徽因：一对探索中国建筑的伴侣》才终于被中国的出版社引进出版。

1991年，费正清在剑桥因心脏病去世；2002年，费慰梅在美国坎布里奇的家里平静地走完一生。因对她们友情的珍视，费慰梅的家人在她葬礼的流程单上印了一首林徽因的诗。

至此，他们四个人，在另一个世界，又得以再度重逢，那里没有战乱和炮火，也没有国家的界限。那里就像汉学家史景迁在《Liang and Lin: Partners in Exploring China's》序言中写的那样：“我们仿佛听见，他们高朋满座的客厅里，杯底饮尽，连珠的笑声中浮沉着杯盘碰撞的响声。”

浊酒一壶，余欢尽饮。

◎ 附录 ◎

再读林徽因｜你是人间四月天

程碧 / 品读

林徽因个人的情感被保护得很好，她没有吃过爱情的苦，一个在情感上健全的作家，更加善于发现美好的时刻，并善于以冷静的视角去写作，她的作品在今天读来，情感并没有浓烈到可以引发深刻的痛感，作品中，平和叙述、理性观察的时刻比较多，在里面可以体会到作者本人的聪明和理性。林徽因不像张爱玲那样，喜欢把人物悲惨的命运一点点写出来，张爱玲喜欢揭露人性，把丑恶或自私的这些大家想避之的品行赤裸裸地展示给读者，说一句话，就能让人记一辈子。林徽因更喜欢把个中滋味，留给读者自行去品味、思考，她的小说不至于到痛彻心扉的程度，有时，仅止于一声叹息。

在距今 100 年前，她在英国和美国的生活，身处的环境和受到的教育仿佛两个极端，使她的思想激荡，眼光开阔，不局限于自己的小情小爱。她的诗歌、散文，用她自己的话说，是“情绪的小旅行”。小说和剧本，则有着浓浓的理性和女性觉醒意识。

她的诗歌代表作《你是人间的四月天》，是她最美的一首诗，你只需捧着本子，对照着，大声朗诵出来，诗的韵律的美感以及整个氛围，便可从舌齿间自然流落出来，跌进心里，仿佛冰雪消融，燕自归来，白光照见暗夜，世间所有的花朵都在面前争分夺秒地绽放。一首诗全部的美妙恰是如此。

她的小说代表作《模影零篇》是林徽因早期运用现代派手法的名篇，其中所包含的四篇：《钟绿》《吉公》《文珍》《绣绣》，皆以人物的名字命名，写了四个不同命运的人物，均发表在《大公报》“文艺”副刊上。

《钟绿》，写的是一个名叫钟绿的美人，她美丽、自由、落拓、天真，像只小野猫。她远离人群，去旅行，去放肆恋爱，外表鲜亮如吉卜赛人，内心古朴如古典诗人，是个传奇的人物。这是从古至今很多女人迷恋的生活方式。洋气女子，肆意的生活，与命运的纠缠，读来，令人感到唏嘘，在后来的女作家亦舒的《玫瑰的故事》，黄碧云的《她是女子，我也是女子》中，都可寻见钟绿那样的女子的影子。现在读来，亦不觉得过时。

其实，钟绿是林徽因内心的照见，是林徽因同自己的对话，林徽因本身也是美丽的女子，钟绿的身上也有她的影子，不过，她到底还没有像钟绿那样在爱情里也活得肆意，在爱情上太过放肆总是需要付出代价的，现实中，她的理性像一双有力的大手，总是把她拉向一条康庄大道。

《吉公》，写了一个旧时大家族被抱养的聪明又好看的男孩子的命运，“吉公”是个有“科学的兴趣”却不喜欢做对子读经书的落魄者，是在新旧环境交替后的年代，被大环境耽误的小人物。那个好看的男孩子年少时的理想，被世俗随意地否定了，中年以后长成平庸的样子，那些关于他聪明的往事，都留在了少年时期。

也许人物本身，并未感到命运有多么残酷，甚至也会本能地去挣脱不舒服的环境，但是林徽因从作家的角度俯瞰下去，从其一岁看完了他的半生，尽管“吉公”最后也逃离了大家族，与自己喜欢的女子过上看似也适合他自己的生活，但再怎么令人感到赞叹，也终究如文章结尾中，林徽因所感慨的那样：“因为那中年以后不经过训练，自己琢磨出来的机器师，他的成就必定是有限的。纵使他有相当天赋的聪明，他亦不能与太不适当的环境搏斗。”每个人类在大宇宙里都显得渺小又可怜，仅仅的几十年在世间的存活时间，也不能完全按照自己意愿活着，生命有种无法挽回的遗憾。明明可以到99分的人生，活着活着就只勉强及格了。

《文珍》中的文珍是大家庭里的一个丫头，是个活泼、泼辣、性格刚烈的女子，但卑微的出身仍然是她与这个世界对抗时的一块软骨，但她又不甘心被命运摆布，潇洒地逃了婚，没有人知道抗争的结果会是怎样，如小说那样，戛然而止。“文珍”把自己抛给命运，林徽因把结尾抛给读者，然而，那样真能得到幸福吗？逃脱主人家给安排的嫁给管账的生意人的婚事，嫁给卖馄饨的青年，又能得到多少幸福？我想作者也会替她捏把汗。

《绣绣》中的绣绣是“我”的小朋友，自小中受着家庭失和的痛苦，旧时家庭，父亲浑蛋，母亲懦弱，以及重男轻女的畸形伦理，都在摧残一个天真女孩的成长。其实到了今天，时间过去了100多年，此种家庭构造仍然存在。孩子在此种环境下想迅速长大，然而又只能任凭时光缓缓流过，两个孩子，在大人的世界里是无能为力、无法反抗的。在大人的世界里，被命运操纵的人，稍微一挣扎，就可以改变当下的状况，有时候不见得比之前有多好，但至少是改变了，努力往前动了一下，但对于孩子，遭到险恶的命运之后，人生往往就封存在了那个永远也长不大的时刻。孩子在大人的世界里最容易被忽视，却又最揪着读者的心。

这四个人物在现实中都有原型，现实中的“绣绣”是触发她女性意识的萌芽，在林徽因成年后，做的诸多女性主义的事情，都受其遇到的人的影响。

她在另一篇小说《窘》中，写一个大龄男青年维杉在朋友圈的尴尬处境，与当下的大龄女青年在社会中的尴尬如出一辙，不管走到哪里，都会被随时提及的婚姻状况和日益见长的年龄的暗箭所伤害。林徽因在小说里面所关注的社会问题，总会与数十年后的今天所吻合。小说里面，维杉一句内心的独白：

谁又愿意比人家岁数大出一倍，老实说。

更是道出了当下所有人心里的 OS。

林徽因作品选

书信

16岁的林徽因写给徐志摩的分手信

志摩：

我走了，带着记忆的锦盒，里面藏着我们的情，我们的谊，已经说出和还没有说出的话走了。我回国了，伦敦使我痛苦。我知道您一从柏林回来就会打火车站直接来我家的。我怕，怕您那沸腾的热情，也怕我自己心头绞痛着的感情，火，会将我们两人都烧死的。

原谅我的怯懦，我还是个未成熟的少女，我不敢将自己一下子投进那危险的旋涡，引起亲友的误解和指责，社会的喧嚣与诽难，我还不具有抗争这一切的勇气和力量。我也还不能过早地失去父亲的宠爱和那由学校和艺术带给我的安宁生活。我降下了帆，拒绝大海的诱惑，逃避那浪涛的拍打……

我说过，看了太多的小说我已经不再惊异人生的遭遇。不过这是诳语，一个自大者的诳语。实际上，我很脆弱，脆弱得像一枝暮夏的柳条，经不住什么风雨。

我忘不了，也受不了那双眼睛。上次您和幼仪去德国，我、爸爸、西滢兄在送别你们时，火车启动的那一瞬间，您和幼仪把头伸出窗外，在您的面孔旁边，她张着一双哀怨、绝望、祈求和嫉意的眼睛定定地望着我。我颤抖了。那目光直透我心灵的底蕴，那里藏着我的知晓的秘密，她全看见了。

其实，在您陪着她来向我们辞行时，听说她要单身离你去德国，我就明白你们两人的关系起了变故。起因是什么我不明白，但不会和我无关。我真佩服幼仪的镇定自若、从容裕如的风度，做到这一点不是件易事，我就永远也做不到。她待我那么亲切，当然不是装假的，你们走后我哭了一个通宵，多半是为了她。志摩，我理解您对真正爱情幸福的追求，这原也无可厚非；我但恳求您理解我对幼仪悲苦的理解。她待您委实是好的，您说过这不是真正的爱情，但获得了这种真切的情分，志摩，您已经大大有福了。尽管幼仪不记恨于我，但是我不愿意被理解为拆散你们的主要根源。她的出走使我不能再在伦敦居住下去。我要逃避，逃得远远的，逃回我的故乡，让那里浓荫如盖的棕榈、幽深的古宅来庇护我，庇护我这颗不安宁的心。

我不能等您回来后再做这个决定。那样，也许这个决定永远也无法做出了。我对爸爸说，我很想家，想故乡，想马上回国。他没问什么，但是我知道他一切都清楚，他了解我，他永远是我最好的朋友。他同意了。正好他收到一封国内的来信，也有回国一次的意向，就这样，我们就离开了这留着我的眼泪多于微笑的雾都。

我不能明智如哪个摔破瓦盆头也不回的阿拉伯人，我是女人，总免不了拖泥带水，对“过去”要投去留恋的一瞥。我留下这一封最后的紫信——紫色，这个我喜欢的哀愁、忧郁、悲剧性的颜色，就是我们生命邂逅的象征吧。

走了，可我又真的走了吗？我又真的收回留在您生命里一切吗？又真的奉还了您留在我生命里的一切吗？

我们还会重逢吗？还会继续那残断的梦吗？

我说不清。一切都交给那三个纺线的老婆子吧（注：这里指希腊神话中的命运女神，她们的任务是纺制人间的命运之线，同时按次序剪断生命之线），听任她们神秘的手将我们生命之线拉扯得怎样，也许，也许……只是，我不期待，不祈求。

徽徽

P. S. ：这一段时间您也没好好念书，从今您该平静下来，发愤用功，希望您尽早用智慧的光芒照亮那灰暗的文坛。

【注：标题系编者所加。1920 年徐志摩在伦敦经林长民介绍，结识英国作家狄更生。1921 年经狄更生推荐以特别生资格进康桥大学（即剑桥大学）皇家学院。在那里，徐志摩才开始创作新诗。而林徽因在这封 1921 年写的分手信中，就神奇地预言了一颗巨星在中国诗坛的升起。】

散文

悼志摩

十一月十九日我们的好朋友，许多人都爱戴的新诗人，徐志摩突兀的，不可信的，惨酷的，在飞机上遇险而死去。这消息在二十日的早上像一根针刺猛触到许多朋友的心上，顿使那一早的天墨一般地昏黑，哀恸的咽哽锁住每一个人的嗓子。

志摩……死……谁曾将这两个句子联在一处想过！他是那样活泼的一个人，那样刚刚站在壮年的顶峰上的一个人。朋友们常常惊讶他的活动，他那像小孩般的精神和认真，谁又会想到他死？

突然的，他闯出我们这共同的世界，沉入永远的静寂，不给我们一点预告，一点准备，或是一个最后希望的余地。这种几乎近于忍心的决绝，那一天不知震麻了多少朋友的心？现在那不能否认的事实，仍然无情地挡住我们前面。任凭我们多苦楚地哀悼他的惨死，多迫切地希冀能够仍然接触到他原来的音容，事实是不会为体贴我们这悲念而有些许更改；而他也再不会为不忍我们这伤悼而有些许活动的可能！这难堪的永远静寂和消沉便是死的最残酷处。我们不迷信的，没有宗教地望着这死的帏幕，更是丝毫没有把握。张开口我们不会呼吁，闭上眼不会入梦，徘徊在理智和情感的边沿，我们不能预期后会，对这死，我们只是永远发怔，吞咽枯涩的泪，待时间来剥削这哀恸的尖锐，痂结我们每次悲悼的创伤。那一天下午初得到消息的许多朋友不是全跑到胡适之先生家里么？但是除却拭泪相对，默然围坐外，谁也没有主意，谁也不知有什么话说，对这死！谁也没有主意，谁也没有话说！事实不容我们安插任何的希望，情感不容我们不伤悼这突兀的不幸，理智又不容我们有超自然的幻想！默然相对，默然围坐……而志摩则仍是死去，没有回头，没有音讯，永远地不会回头，永远地不会再有音讯。

我们中间没有绝对信命运之说的，但是对着这不测的人生，谁不感到惊异，对着那许多事实的痕迹又如何不感到人力的脆弱，智慧的有限。世事尽有定数？世事尽是偶然？对这永远的疑问我们什么时候能有完全的把握？

在我们前边展开的只是一堆坚质的事实：

“是的，他十九晨有电报来给我……

“十九早晨，是的！说下午三点准到南苑，派车接……

“电报是九时从南京飞机场发出的……

“刚是他开始飞行以后所发……

“派车接去了，等到四点半……说飞机没有到……

“没有到……航空公司说济南有雾……很大……”只是一个钟头的差别；下午三时到南苑，济南有雾！谁相信就是这一个钟头中便可以有这么不同事实的发生，志摩，我的朋友！

他离平的前一晚我仍见到，那时候他还不知道他次晨南旅的，飞机改期过三次，他曾说如果再改下去，他便不走了的。我和他同由一个茶会出来，在总布胡同口分手。在这茶会里我们请的是为太平洋会议来的一个柏雷博士，因为他是志摩生平最爱慕的女作家曼殊斐儿的姊丈，志摩十分的殷勤；希望可以再从柏雷口中得些关于曼殊斐儿早年的影子，只因限于时间，我们茶后匆匆地便散了。晚上我有约会出去了，回来时很晚，听差说他又来过，适遇我们夫妇刚走，他自己坐了一会儿，喝了一壶茶，在桌上写了些字便走了。我到桌上一看——

“定明早六时飞行，此去存亡不卜……”我怔住了，心中一阵不痛快，却忙给他一个电话。“你放心，”他说，“很稳当的，我还要留着生命看更伟大的事迹呢，哪能便死？……”

话虽是这样说，他却是已经死了整两周了！

凡是志摩的朋友，我相信全懂得，死去他这样一个朋友是怎么一回事！

现在这事实一天比一天更结实，更固定，更不容否认。志摩是死了，这个简单惨酷的实际早又添上时间的色彩，一周，两周，一直地增长下去……

我不该在这里语无伦次地尽管呻吟我们做朋友的悲哀情绪。归根说，读者抱着我们文字看，也就是像志摩的请柏雷一样，要从我们口里再听到关于志摩的一些事。这个我明白，只怕我不能使你们满意，因为关于他的事，动听的，使青年人知道这里有个不可多得的人格存在的，实在太多，决不是几千字可以表达得完。谁也得承认像他这样的一个人世间便不轻易有几个的，无论在中国或是外国。

我认得他，今年整十年，那时候他在伦敦经济学院，尚未去康桥。我初次遇到他，也就是他初次认识到影响他迁学的狄更生先生。不用说他和我父亲最谈得来。虽然他们年岁上差别不算少，一见面之后便互相引为知己。他到康桥之后由狄更生介绍进了皇家学院，当时和他同学的有我姊丈温君源宁。一直到最近两月中源宁还常在说他当时的许多笑话，虽然说是笑话，那也是他对志摩最早的一个惊异的印象。志摩认真的诗情，绝不含有丝毫矫伪，他那种痴，那种孩子似的天真实能令人惊讶。源宁说，有一天他在校舍里读书，外边下了倾盆大雨——惟是英伦那样的岛国才有的狂雨——忽然他听到有人猛敲他的房门，外边跳进一个被雨水淋得全湿的客人。不用说他便是志摩，一进门一把扯着源宁向外跑，说快来我们到桥上去等着。这一来把源宁怔住了，他问志摩等什么在这大雨里。志摩睁大了眼睛，孩子似的高兴地说“看雨后的虹去”。源宁不止说他不去，并且劝志摩趁早将湿透的衣服换下，再穿上雨衣出去，英国的湿气岂是儿戏，志摩不等他说完，一溜烟地自己跑了！

以后我好奇地曾问过志摩这故事的真确，他笑着点头承认这全段故事的真实。我问：那么下文呢，你立在桥上等了多久，并且看到虹了没有？他说记不清但是他居然看到了虹。我诧异地打断他对那虹的描写，问他：怎么他便知道，准会有虹的。他得意地笑答我说：“完全诗意的信仰！”

“完全诗意的信仰”，我可要在这里哭了！也就是为这“诗意的信仰”他硬要借航空的方便达到他“想飞”的宿愿！“飞机是很稳当的，”他说，“如果要出事那是我的运命！”他真对运命这样完全诗意的信仰！

志摩我的朋友，死本来也不过是一个新的旅程，我们没有到过的，不免过分地怀疑，死不定就比这生苦，“我们不能轻易断定那一边没有阳光与人情的温慰”，但是我前边说过最难堪的是这永远的静寂。我们生在这没有宗教的时代，对这死实在太没有把握了。这以后许多思念你的日子，怕要全是昏暗的苦楚，不会有一点点光明，除非我也有你那美丽的诗意的信仰！

我个人的悲绪不竟又来扰乱我对他生前许多清晰的回忆，朋友们原谅。

诗人的志摩用不着我来多说，他那许多诗文便是估价他的天平。我们新诗的历史才是这样的短，恐怕他的判断人尚在我们儿孙辈的中间。我要谈的是诗人之外的志摩。人家说志摩的为人只是不经意的浪漫，志摩的诗全是抒情诗，这断语从不认识他的人听来可以说很公平，从他朋友们看来实在是对不起他。志摩是个很古怪的人，浪漫固然，但他人格里最精华的却是他对人的同情、和蔼和优容；没有一个人他对他不和蔼，没有一种人，他不能优容，没有一种的情感，他绝对地不能表同情。我不说了解，因为不是许多人爱说志摩最不解人情么？我说他的特点也就在这上头。

我们寻常人就爱说了解；能了解的我们便同情，不了解的我们便很落寞乃至于酷刻。表同情于我们能了解的，我们以为很适当；不表同情于我们不能了解的，我们也认为很公平。志摩则不然，了解与不了解，他并没有过分地夸张，他只知道温存，和平，体贴，只要他知道有情感的存在，无论出自何人，在何等情况之下，他理智上认为适当与否，他全能表几分同情，他真能体会原谅他人与他自己不相同处。从不会刻薄地单支出严格的迫仄的道德的天平指摘凡是与他不同的人。他这样的温和，这样的优容，真能使许多人惭愧，我可以忠实地说，至少他要比我们多数的人伟大许多；他觉得人类各种的情感动作全有它不同的，价值放大了的人类的眼光，同情是不该只限于我们划定的范围内。他是对的，朋友们，归根说，我们能够懂得几个人，了解几桩事，几种情感？哪一桩事，哪一个人没有多面的看法！为此说来志摩朋友之多，不是个可怪的事；凡是认得他的人不论深浅对他全有特殊的感情，也是极自然的结果。而反过来看他自己在他一生的过程中却是很少得着同情的。不止如是，他还曾为他的一点理想的愚诚几次几乎不见容于社会。但是他却未曾为这个而鄙吝他给他人的同情心，他的性情，不曾为受了刺激而转变刻薄暴戾过，谁能不承认他几有超人的宽量。

志摩的最动人的特点，是他那不可信的纯净的天真，对他的理想的愚诚，对艺术欣赏的认真，体会情感的切实，全是难能可贵到极点。他站在雨中等虹，他甘冒社会的大不韪争他的恋爱自由；他坐曲折的火车到乡间去拜哈代，他抛弃博士一类的引诱卷了书包到英国，只为要拜罗素做老师，他为了一种特异的境遇，一时特异的感动，从此在生命途中冒险，从此抛弃所有的旧业，只是尝试写几行新诗——这几年新诗尝试的运命并不太令人踊跃，冷嘲热骂只是家常便饭——他常能走几里路去采几茎花，费许多周折去看一个朋友说两句话；这些，还有许多，都不是我们寻常能够轻易了解的神秘。我说神秘，其实竟许是傻，是痴！事实上他只是比我们认真，虔诚到傻气，到痴！他愉快起来，他的快乐的翅膀可以碰得到天，他忧伤起来，他的悲戚是深得没有底。寻常评价的衡量在他手里失了效用，利害轻重他自有他的看法，纯是艺术的情感的脱离寻常的原则，所以往常人常听到朋友们说到他总爱带着嗟叹的口吻说：“那是志摩，你又有什么法子！”他真的是个怪人么？朋友们，不，一点都不是，他只是比我们近情，近理，比我们热诚，比我们天真，比我们对万物都更有信仰，对神，对人，对灵，对自然，对艺术！

朋友们，我们失掉的不止是一个朋友，一个诗人，我们丢掉的是个极难得可爱的人格。

至于他的作品全是抒情的么？他的兴趣只限于情感么？更是不对。志摩的兴趣是极广泛的。就有几件，说起来，不认得他的人便要奇怪。他早年很爱数学，他始终极喜欢天文，他对天上星宿的名字和部位就认得很多，最喜暑夜观星，好几次他坐火车都是带着关于宇宙的科学的书。他曾经疯过爱因斯坦的相对论，并且在一九二二年便写过一篇关于相对论的东西登在《民铎》杂志上。他常向思成说笑："任公先生的相对论的知识还是从我徐君志摩大作上得来的呢，因为他说他看过许多关于爱因斯坦的哲学都未曾看懂，看到志摩的那篇才懂了。"今夏我在香山养病，他常来闲谈，有一天谈到他幼年上学的经过和美国克来克大学两年学经济学的景况，我们不竟对笑了半天，后来他在他的《猛虎集》的"序"里也说了那么一段。可是奇怪的！他不像许多天才，幼年里上学，不是不及格，便是被斥退，他是常得优等的，听说有一次康乃尔暑校里一个极严的经济教授还写了信去克来克大学教授那里恭维他的学生，关于一门很难的功课。我不是为志摩在这里夸张，因为事实上只有为了这桩事，今夏志摩自己便笑得不亦乐乎！

此外，他的兴趣对于戏剧绘画都极深浓，戏剧不用说，与诗文是那么接近，他领略绘画的天才也颇可观，后期印象派的几个画家，他都有极精密的爱恶，对于文艺复兴时代那几位，他也很熟悉，他最爱鲍提且利[①]和达文骞[②]。自然他也常承认文人喜画常是间接地受了别人论文的影响，他的，就受了法兰（Roger Fry）[③]和斐德（Walter Pater）[④]的不少。对于建筑审美他常常对思成和我道歉说：“太对不起，我的建筑常识全是Ruskins那一套。”他知道我们是最讨厌Ruskins的。但是为看一个古建的残址，一块石刻，他比任何人都热心，都更能静心领略。

喜欢色彩，虽然他自己不会作画，暑假里他曾从杭州给我几封信，他自己叫它们做“描写的水彩画”，他用英文极细致地写出西（边？）桑田的颜色，每一分嫩绿，每一色鹅黄，他都仔细地观察到。又有一次他望着我园里一带断墙半晌不语，过后他告诉我说，他正在默默体会，想要描写那墙上向晚的艳阳和刚刚入秋的藤萝。

对于音乐，中西的他都爱好，不止爱好，他那种热心便唤醒过北平一次——也许唯一的一次——对音乐的注意。谁也忘不了那一年，喀拉司拉到北平在“真光”拉一个多钟头的提琴。对旧剧他也得算“在行”，他最后在北平那几天我们曾接连地同去听好几出戏，回家时我们讨论的热闹，比任何剧评都诚恳都起劲。

谁相信这样的一个人，这样忠实于“生”的一个人，会这样早地永远地离开我们另投一个世界，永远地静寂下去，不再透些须声息！

---

① 鲍提且利（Botticelli），是意大利文艺复兴初期的画家。代表作包括《春》《诽谤》《维纳斯的诞生》。

② 现通译为：达·芬奇。

③ 现译为：罗杰·弗莱（1866—1934），英国著名艺术史家和美学家，20世纪最伟大的艺术批评家之一。

④ 现译为：沃尔特·佩特（1839—1894），英国著名文艺批评家、作家。

我不敢再往下写，志摩若是有灵听到比他年轻许多的一个小朋友拿着老声老气的语调谈到他的为人不觉得不快么？这里我又来个极难堪的回忆，那一年他在同一个的报纸上写了那篇伤我父亲惨故的文章，这梦幻似的人生转了几个弯，曾几何时，却轮到我在这风紧夜深里握笔吊他的惨变。这是什么人生？什么风涛？什么道路？志摩，你这最后的解脱未始不是幸福，不是聪明，我该当羡慕你才是。

原载 1931 年 12 月 7 日《北平晨报》

纪念志摩去世四周年

今天是你走脱这世界的四周年！朋友，我们这次拿什么来纪念你？前两次的用香花感伤地围上你的照片，抑住嗓子底下叹息和悲哽，朋友和朋友无聊地对望着，完成一种纪念的形式，俨然是愚蠢的失败。因为那时那种近于伤感，而又不够宗教庄严的举动，除却点明了你和我们中间的距离——生和死的间隔外，实在没有别的成效；几乎完全不能达到任何真实纪念的意义。

去年今日我意外地由浙南路过你的家乡，在昏沉的夜色里我独立火车门外，凝望着那幽暗的站台，默默地回忆许多不相连续的过往残片，直到生和死间居然幻成一片模糊，人生和火车似的蜿蜒一串疑问在苍茫间奔驰。我想起你的：

火车擒住轨，在黑夜里奔

过山，过水，过……

如果那时候我的眼泪曾不自主地溢出睫外，我知道你定会原谅我的。你应当相信我不会向悲哀投降，什么时候我都相信倔强地忠于生的，即使人生如你底下所说：

就凭那精窄的两道，算是轨，
驮着这份重，梦一般的累坠！

就在那时候我记得火车慢慢地由站台拖出一程一程的前进，我也随着酸怆的诗意，那“车的呻吟，过荒野，过池塘……过噤口的村庄”。到了第二站——我的一半家乡。

今年又轮到今天这一个日子！世界仍旧一团糟，多少地方是黑云布满着粗筋络望理想的反面猛进，我并不在瞎说，当我写：

信仰只一细炷香，
那点子亮再经不起西风
沙沙地隔着梧桐树吹

朋友，你自己说，如果是你现在坐在我这位子上，迎着这一窗太阳：眼看着菊花影在墙上描画作态；手臂下倚着两叠今早的报纸；耳朵里不时隐隐地听着朝阳门外“打靶”的枪弹声；意识的，潜意识的，要明白这生和死的谜，你又该写成怎样一首诗来，纪念一个死别的朋友？

此时，我却是完全的一个糊涂！习惯上我说，每桩事都像是造物的意旨，归根都是运命，但我明知道每桩事都像有我们自己的影子在里面烙印着！我也知道每一个日子是多少机缘巧合凑拢来拼成的图案，但我也疑问其间的排布谁是主宰。据我看来：死是悲剧的一章，生则更是一场悲剧的主干！我们这一群剧中的角色自身性格与性格矛盾；理智与情感两不相容；理想与现实当面冲突，侧面或反面激成悲哀。日子一天一天向前转，昨日和昨日堆垒起来混成一片不可避脱的背景，做成我们周遭的墙壁或气氲，那么结实又那么缥缈，使我们每一个人站在每一天的每一个时候里都是那么主要，又是那么渺小无能为！

此刻，我几乎找不出一句话来说，因为，真的，我只是个完全的糊涂；感到生和死一样的不可解，不可懂。

但是，我却要告诉你，虽然四年了你脱离去我们这共同活动的世界，本身停掉参加牵引事体变迁的主力，可是谁也不能否认，你仍立在我们烟涛渺茫的背景里，间接的是一种力量，尤其是在文艺创造的努力和信仰方面。间接的你任凭自然的音韵，颜色，不时的风轻月白，人的无定律的一切情感，悠断悠续地仍然在我们中间继续着生，仍然与我们共同交织着这生的纠纷，继续着生的理想。你并不离我们太远。你的身影永远挂在这里那里，同你生前一样的心旋转。

说到你的诗，朋友，我正要正经地同你再说一些话。你不要不耐烦，这话迟早我们总要说清的。人说盖棺定论，前者早已成了事实，这后者在这四年中，说来叫人难受，我还未曾谈到一篇中肯或诚实的论评，虽然对你的赞美和攻讦由你去世后一两周间，就纷纷开始了。但是他们每人手里拿的都不像纯文艺的天平，有的喜欢你的为人，有的疑问你私人的道德，有的单单尊崇你诗中所表现的思想哲学，有的仅喜爱那些软弱的细致的句子，有的每发议论必须牵涉到你的个人生活之合乎规矩方圆，或断言你是轻薄，或引证你是浮奢豪侈！朋友，我知道你从不介意过这些，许多人的浅陋老实或刻薄处你早就领略过一堆，你不止未曾生过气，并且常常表示怜悯同原谅；你的心情永远是那么洁净；头老抬得那么高；胸中老是那么完整的诚挚；臂上老有那么许多不折不挠的勇气。但是现在的情形与以前却稍稍不同，你自己既已不在这里，做你朋友的，眼看着你被误解，曲解，乃至于谩骂，有时真忍不住替你不平。

但你可别误会我心眼儿窄，把不相干的看成重要，我也知道误解，曲解，谩骂，都是不相干的，但是朋友，我们谁都需要有人了解我们的时候，真了解了我们，即使是痛下针砭，骂着了我们的弱处错处，那整个的我们却因而更增添了意义，一个作家文艺的总成绩更需要一种就文论文，就艺术论艺术的和平判断。

你在《猛虎集》序中说“世界上再没有比写诗更惨的事”，你却并未说明为什么写诗是一桩惨事，现在让我来个注脚好不好？我看一个人一生为着一个愚诚的倾向，把所感受到的复杂的情绪尝味到的生活，放到自己的理想和信仰的锅炉里烧炼成几句悠扬铿锵的语言（哪怕是几声小唱），来满足他自己本能的艺术的冲动，这本来是个极寻常的事，哪一个地方哪一个时代，都不断有这种人。轮着做这种人的多半是为着他情感来得比寻常人浓富敏锐，而为着这情感而发生的冲动更是非实际的——或不全是实际的——追求，而需要那种艺术的满足而已。说起来写诗的人的动机多么简单可怜，正是如你序里所说“我们都是受支配的善良的生灵”！虽然有些诗人因为他们的成绩特别高厚旷阔包括了多数人或整个时代的艺术和思想的冲动，从此便在人中间披上神秘的光圈，使“诗人”两字无形中挂着崇高的色彩。这样使一般努力于用韵文表现或描画人在自然万物相交错的情绪思想的，便被人的成见看作夸大狂的旗帜，需要同时代人的极冷酷的讥讪和不信任来扑灭它，以挽救人类的尊严和健康。

我承认写诗是惨淡经营，孤立在人中挣扎的勾当，但是因为我知道太清楚了。你在这上面单纯的信仰和诚恳的尝试，为同业者奋斗，卫护他们情感的愚诚，称扬他们艺术的创造，自己从未曾求过虚荣，我觉得你始终是很逍遥舒畅的。如你自己所说“满头血水”你“仍不曾低头”，你自己相信“一点性灵还在那里挣扎”，“还想在实际生活的重重压迫下透出一些声响来”。

简单地说，朋友，你这写诗的动机是坦白不由自主的，你写诗的态度是诚实、勇敢而倔强的。这在讨论你诗的时候，谁都先得明了的。

至于你诗的技巧问题，艺术上的造诣，在几乎没有一定的定义时代，转入这讨论外形、内容，以至于音节、韵脚、章句、意象、组织等艺术技巧问题的时期，即是根据着对这方面努力尝试过的那一些诗，你的头两个诗集子就是供给这些讨论见解最多材料的根据。外国的土话说“马总得放在马车的前面”，不是？没有一些尝试的成绩放在那里，理论家是不能老在那里发一堆空头支票的，不是？

你自己一向不止在那里倔强地尝试用功，你还曾用尽你所有活泼的热心鼓励别人尝试，鼓励“时代”起来尝试——这种工作是最犯风头嫌疑的，也只有你胆子大头皮硬顶得下来！我还记得你要印诗集子时我替你捏一把汗，老实说还替你在有文采的老前辈中间难为情过，我也记得我初听到人家找你办晨副时我的焦急，但你居然板起个脸抓起两把鼓锤子为文艺吹打开路乃至于扫地、铺鲜花，不顾旧势力的非难，新势力的怀疑，你干你的事“事在人为，做了再说”那股子劲，以后别处也还很少见。

现在你走了，这些事渐渐在人的记忆中模糊下来，你的诗和文也散漫在各小本集子里，压在有极新鲜的封皮的新书后面，谁说起你来，不是马马虎虎地承认你是过去中一个势力，就是拿能够挑剔看轻你的诗为本事（散文人家很少提到，或许“散文家”没有诗人那么光荣，不值得注意），朋友，这是没法子的事，我却一点不为此灰心，因为我有我的信仰。

我认为我们这写诗的动机既如前边所说那么简单愚诚；因在某一时，或某一刻敏锐地接触到生活上的锋芒，或偶然地触遇到理想峰巅上云彩星霞，不由得不在我们所习惯的语言中，编缀出一两串近于音乐的句子来，慰藉自己，解放自己，去追求超实际的真美，读诗者的反应一定有一大半也和我们这写诗的一样诚实天真，仅想在我们句子中间由音乐性的愉悦，接触到一些生活的底蕴渗合着美丽的憧憬；把我们的情绪给他们的情绪搭起一座浮桥，把我们的灵感，给他们生活添些新鲜；把我们的痛苦伤心再揉成他们自己忧郁的安慰！

我们的作品会不会长存下去，也就看它们会不会活在那一些我们从不认识的人，我们作品的读者，散在各时、各处互相不认识的孤单的人的心里的，这种事它自己有自己的定律，并不需要我们的关心。你的诗据我所知道的，它们仍旧在这里浮沉流落，你的影子也就浓淡参差地系在那些诗句中，另一端印在许多不相识人的心里。朋友，你不要过于看轻这种间接的生存，许多热情的人他们会为着你的存在，而加增了生的意识的。伤心的仅是那些你最亲热的朋友们和同兴趣的努力者，你不在他们中间的事实，将要永远是个不能填补的空虚。

你走后大家就提议要为你设立一个“志摩奖金”来继续你鼓励人家努力诗文的宿志，勉强象征你那种对于文艺创造拥护的热心，使不及认得你的青年人永远对你保存着亲热。如果这事你不觉到太寒伧，不够热气，我希望你原谅你这些朋友们的苦心，在冥冥之中笑着给我们勇气来做这一蠢诚的事吧。

二十四年十一月十九日，北平。

原载 1935 年 12 月 8 日《大公报· 文艺副刊》

一片阳光

放了假，春初的日子松弛下来。将午未午时候的阳光，澄黄的一片，由窗棂横浸到室内，晶莹地四处射。我有点发怔，习惯地在沉寂中惊讶我的周围。我望着太阳那湛明的体质，像要辨别它那交织绚烂的色泽，追逐它那不着痕迹的流动。看它洁净地映到书桌上时，我感到桌面上平铺着一种恬静，一种精神上的豪兴，情趣上的闲逸；即或所谓“窗明几净”，那里默守着神秘的期待，漾开诗的气氛。那种静，在静里似可听到那一处琤琮的泉流，和着仿佛是断续的琴声，低诉着一个幽独者自娱的音调。看到这同一片阳光射到地上时，我感到地面上花影浮动，暗香吹拂左右，人随着晌午的光霭花气在变幻。那种动，柔谐婉转有如无声音乐，令人悠然轻快，不自觉地脱落伤愁。至多，在舒扬理智的客观里使我偶一回头，看看过去幼年记忆步履所留的残迹，有点儿惋惜时间，微微怪时间不能保存情绪，保存那一切情绪所曾流连的境界。

倚在软椅上不但奢侈，也许更是一种过失，有闲的过失。但东坡的辩护“懒者常似静，静岂懒者徒”，不是没有道理。如果此刻不倚榻上而“静”，则方才情绪所兜的小小圈子便无条件地失落了去！人家就不可惜它，自己却实在不能不感到这种亲密的损失的可哀。

就说它是情绪上的小小旅行吧，不走并无不可，不过走走未始不是更好。归根说，我们活在这世上到底最珍惜一些什么？果真珍惜万物之灵的人的活动所产生的种种，所谓人类文化？这人类文化到底又靠一些什么？我们怀疑或许就是人身上那一撮精神同机体的感觉，生理心理所共起的情感，所激发出的一串行为，所聚敛的一点智慧——那么一点点人之所以为人的表现。宇宙万物客观得本无所可珍惜，反映在人性上的山川草木禽兽才开始有了秀丽，有了气质，有了灵犀。反映在人性上的人自己更不用说。没有人的感觉、人的情感，即便有自然，也就没有自然的美，质或神方面更无所谓人的智慧、人的创造、人的一切生活艺术的表现！这样说来，谁该鄙弃自己感觉上的小小旅行？为壮壮自己胆子，我们更该相信唯其人类有这类情绪的驰骋，实际的世间才赓续着产生我们精神所寄托的文物精粹。

此刻，我竟可以微微一咳嗽，乃至于用播音的圆润口调说：我们既然无疑地珍惜文化，即尊重盘古到今种种的艺术——无论是抽象的思想的艺术，或是具体的驾驭天然材料另创的非天然形象——则对于艺术所由来的渊源，那点点人的感觉、人的情感智慧（通称人的情绪），又当如何地珍惜才算合理？

但是，情绪的驰骋，显然不是诗或画或任何其他艺术建造的完成。这驰骋此刻虽占了自己生活的若干时间，却并不在空间里占任何一个小小位置！这个情形自己需完全明了。此刻它仅是一种无踪迹的流动，并无栖身的形体。它或含有各种或可捉摸的质素，但是好奇地探讨这个质素而具体要表现它的差事，无论其有无意义，除却本人外，别人是无能为力的。我此刻为着一片清婉可喜的阳光，分明自己在对内心交流变化的各种联想发生一种兴趣的注意，换句话说，这好奇与兴趣的注意已是我此刻生活的活动。一种力量又迫着我来把握住这个活动，而设法表现它，这不易抑制的冲动，或即所谓艺术冲动也未可知！只记得冷静的杜工部散散步，看看花，也不免会有“江上被花恼不彻，无处告诉只颠狂”的情绪上一片紊乱！玲珑煦暖的阳光照人面前，那美的感人力量就不减于花，不容我生硬地自己把情绪分划为有闲与实际的两种，而权其轻重，然后再决定取舍的。我也只有情绪上的一片紊乱。

情绪的旅行本偶然的事，今天一开头并为着这片春初晌午的阳光，现在也还是为着它。房间内有两种豪侈的光常叫我的心绪紧张如同花开，趁着感觉的微风，深浅零乱于冷智的枝叶中间。

一种是烛光，高高的台座，长垂的烛泪，熊熊红焰，当帘幕四下时各处光影掩映。那种闪烁明艳，雅有古意，明明是画中景象，却含有更多诗的成分。另一种便是这初春晌午的阳光，到时候有意无意地大片子洒落满室，那些窗棂栏板几案笔砚浴在光蔼中，一时全成了静物图案，再有红蕊细枝点缀几处，室内更是轻香浮溢，叫人俯仰全触到一种灵性。

这种说法怕有点会发生误会，我并不说这片阳光射入室内，需要笔砚花香那些儒雅的托衬才能动人，我的意思倒是：室内顶寻常的一些供设，只要一片阳光这样又幽娴又洒脱地落在上面，一切都会带上另一种动人的气息。

这里要说到我最初认识的一片阳光。那年我六岁，记得是刚刚出了水珠以后——水珠即寻常水痘，不过我家乡的话叫它作水珠。当时我很喜欢那美丽的名字，忘却它是一种病，因而也觉到一种神秘的骄傲。只要人过我窗口问问出“水珠”么？我就感到一种荣耀。那个感觉至今还印在脑子里。也为这个缘故，我还记得病中奢侈的愉悦心境。虽然同其他多次的害病一样，那次我仍然是孤独地被囚禁在一间房屋里休养的。那是我们老宅子里最后的一进房子：白粉墙围着小小院子，北面一排三间，当中夹着一个开敞的厅堂。我病在东头娘的卧室里。西头是婶婶的住房。娘同婶永远要在祖母的前院里行使她们女人们的职务的，于是我常是这三间房屋惟一留守的主人。

在那三间屋子里病着，那经验是难堪的。时间过得特别慢，尤其是在日中毫无睡意的时候。起初，我仅集注我的听觉在各种似脚步，又不似脚步的上面。猜想着，等候着，希望着人来。间或听听隔墙各种琐碎的声音，由墙基底下传达出来又消敛了去。过一会儿，我就不耐烦了——不记得是怎样的，我就趿着鞋，挨着木床走到房门边。房门向着厅堂斜斜地开着一扇，我便扶着门框好奇地向外探望。

那时大概刚是午后两点钟光景，一张刚开过饭的八仙桌，异常寂寞地立在当中。桌下一片由厅口处射进来的阳光，泄泄融融地倒在那里。一个绝对悄寂的周围伴着这一片无声的金色的晶莹，不知为什么，忽使我六岁孩子的心里起了一次极不平常的振荡。

那里并没有几案花香，美术的布置，只是一张极寻常的八仙桌。如果我的记忆没有错，那上面在不多时间以前，是刚陈列过咸鱼、酱菜一类极寻常俭朴的午餐的。小孩子的心却呆了。或许两只眼睛倒张大一点，四处地望，似乎在寻觅一个问题的答案。为什么那片阳光美得那样动人？我记得我爬到房内窗前的桌子上坐着，有意无意地望望窗外，院里粉墙疏影同室内那片金色和煦绝然不同趣味。顺便我翻开手边娘梳妆用的旧式镜箱，又上下摇动那小排状抽屉，同那刻成花篮形小铜坠子，不时听雀跃过枝清脆的鸟语，心里却仍为那片阳光隐着一片模糊的疑问。

时间经过二十多年，直到今天，又是这样一泄阳光，一片不可捉摸，不可思议流动的而又恬静的瑰宝，我才明白我那问题是永远没有答案的。事实上仅是如此：一张孤独的桌，一角寂寞的厅堂，一只灵巧的镜箱，或窗外断续的鸟语和水珠——那美丽小孩子的病名——便凑巧永远同初春静沉的阳光整整复斜斜地成了我回忆中极自然的联想。

原载 1946 年 11 月 24 日《大公报·文艺副刊》

小说

模影零篇（四篇）

钟绿

钟绿是我记忆中第一个美人，因为一个人一生见不到几个真正负得起“美人”这称呼的人物，所以我对于钟绿的记忆，珍惜得如同他人私藏一张名画轻易不拿出来给人看，我也就轻易的不和人家讲她。除非是一时什么高兴，使我大胆地，兴奋地告诉一个朋友，我如何如何的曾经一次看到真正的美人。

很小的时候，我常听到一些红颜薄命的故事，老早就印下这种迷信，好像美人一生总是不幸的居多。尤其是，最初叫我知道世界上有所谓美人的，就是一个身世极凄凉的年轻女子。她是我家亲戚，家中传统地认为一个最美的人。虽然她已死了多少年，说起她来，大家总还带着那种感慨，也只有一个美人死后能使人起的那样感慨。说起她，大家总都有一些美感的回忆。我婶娘常记起的是祖母出殡那天，这人穿着白衫来送殡。因为她是个已出嫁过的女子——其实她那时已孀居一年多——照我们乡例，头上缠着白头帕。试想一个静好如花的脸，一个长长窈窕的身材，一身的缟素，借着人家伤痛的丧礼来哭她自己可怜的身世，怎不是一幅绝妙的图画！婶娘说起她时，却还不忘掉提到她的走路如何的有种特有丰神，哭时又如何的辛酸凄婉动人。我那时因为过小，记不起送殡那天看到这素服美人，事后为此不知惆怅了多少回。每当大家晚上闲坐谈到这个人儿时，总害了我竭尽想象力，冥想到了夜深。

也许就是因为关于她，我实在记得不太清楚，仅凭一家人时时的传说，所以这个亲戚美人之为美人，也从未曾在我心里疑问过。过了一些岁月，积渐地，我没有小时候那般理想，事事都有一把怀疑，沙似的挟在里面。我总爱说：绝代佳人，世界上不时总应该有一两个，但是我自己亲眼却没有看见过就是了。这句话直到我遇见了钟绿之后才算是取消了，换了一句：我觉得侥幸，一生中没有疑问地，真正地，见到一个美人。

我到美国 ×× 城进入 ×× 大学时，钟绿已是离开那学校的旧学生，不过在校里不到一个月的工夫，我就常听到“钟绿”这名字，老学生中间，每一提到校里旧事，总要联想到她。无疑的，她是他们中间最受崇拜的人物。

关于钟绿的体面和她的为人及家世也有不少的神话。一个同学告诉我，钟绿家里本来如何的富有，又一个告诉我，她的父亲是个如何漂亮的军官，哪一年死去的，又一个告诉我，钟绿多么好看，脾气又如何和人家不同。因为着恋爱，又有人告诉我，她和母亲决绝了，自己独立出来艰苦的半工半读，多处流落，却总是那么傲慢，潇洒，穿着得那么漂亮动人。有人还说钟绿母亲是希腊人，是个音乐家，也长得非常好看，她常住在法国及意大利，所以钟绿能通好几国文字。常常的，更有人和我讲了为着恋爱钟绿，几乎到发狂的许多青年的故事。总而言之，关于钟绿的事我实在听得多了，不过当时我听着也只觉到平常，并不十分起劲。

故事中仅有两桩，我却记得非常清楚，深入印象，此后不自觉地便对于钟绿动了好奇心。

一桩是同系中最标致的女同学讲的。她说，那一年学校开个盛大艺术的古装表演，中间要用八个女子穿中世纪的尼姑服装。她是监制部的总管，每件衣裳由图案部发出，全由她找人比着裁剪，做好后再找人试服。有一晚，她出去晚饭回来稍迟，到了制衣室门口遇见一个制衣部里人告诉她说，许多衣裳做好正找人试着时，可巧电灯坏了，大家正在到处找来洋蜡点上。

“你猜，”她接着说，“我推开门时看到了什么？”

她喘口气望着大家笑（听故事的人那时已不止我一个），“你想，你想一间屋子里，高高低低地点了好几根蜡烛，各处射着影子，当中一张桌子上面，默默地立着那么一个钟绿——美到令人不敢相信的中世纪小尼姑，眼微微地垂下，手中高高擎起一支点亮的长烛，简单静穆，直像一张宗教画！拉着门环，我半天肃然，说不出一句！……等到人家笑声震醒我时，我已经记下这个一辈子忘不了的印象。”

自从听了这桩故事之后，钟绿在我心里便也开始有了根据，每次再听到钟绿的名字时，我脑子里便浮起一张图画。隐隐约约地，看到那个古代年轻的尼姑，微微地垂下眼，擎着一支蜡走过。

第二次，我又得到一个对钟绿依稀想象的背影，是由于一个男同学讲的故事里来的。这个脸色清癯的同学平常不爱说话，是个忧郁深思的少年——听说那个为着恋爱钟绿，到南非洲去旅行不再回来的同学，就是他的同房好朋友。有一天雨下得很大，我与他同在画室里工作，天已经积渐地黑下来，虽然还不到点灯的时候，我收拾好东西坐在窗下看雨，忽然听他说："真奇怪，一到下大雨，我总想起钟绿！"

"为什么呢？"我倒有点好奇了。

"因为前年有一次大雨，"他也走到窗边，坐下来望着窗外，"比今天这雨大多了，"他自言自语地眯上眼睛，"天黑得可怕，许多人全在楼上画图，只有我和勃森站在楼下前门口檐底下抽烟。街上一个人没有，树让雨打得像囚犯一样，低头摇曳。一种说不出来的黯淡和寂寞笼罩着整条没生意的街道和街道旁边不做声的一切。忽然间，我听到背后门环响，门开了，一个人由我身边溜过，一直下了台阶冲入大雨中走去！……那是钟绿……

"我认得是钟绿的背影，那样修长灵活，虽然她用了一块折成三角形的绸巾蒙在她头上，一只手在项下抓紧了那绸巾的前面两角，像个俄国村姑的打扮。勃森说钟绿疯了，我也忍不住要喊她回来。'钟绿你回来听我说！'我好像求她那样恳切，听到声，她居然在雨里回过头来望一望，看见是我，她仰着脸微微一笑，露出一排贝壳似的牙齿。"朋友说时回过头对我笑了一笑，"你真想不到世上真有她那样美的人！不管谁说什么，我总忘不了在那狂风暴雨中，她那样扭头一笑，村姑似的包着三角的头巾。"

这张图画有力地穿过我的意识，我望望雨又望望黑影笼罩的画室。朋友叉着手，正经地又说："我就喜欢钟绿的一种纯朴，城市中的味道在她身上总那样的不沾着她本身的天真！那一天，我那个热情的同房朋友在楼窗上也发见了钟绿在雨里，像顽皮的村姑，没有笼头的野马，便用劲地喊。钟绿听到，俯下身子一闪，立刻就跑了。上边劈空的雷电，四围纷披的狂雨，一会儿工夫她就消失在那水雾迷漫之中了……”

“奇怪，”他叹口气，“我总老记着这桩事，钟绿在大风雨里似乎是个很自然的回忆。”

听完这段插话之后，我的想象中就又加了另一个隐约的钟绿。

半年过去了，这半年中这个清癯的朋友和我比较的熟起，时常轻声地来告诉我关于钟绿的消息。她是辗转地由一个城到另一个城，经验不断地跟在她脚边，命运好似总不和她合作，许多事情都不畅意。

秋天的时候，有一天我这朋友拿来两封钟绿的来信给我看，笔迹秀劲流丽，如见其人，我留下信细读觉到她很有意思。那时我正初次在夏假中觅工，几次在市城熙熙攘攘中长了见识，更是非常地同情于这流浪的钟绿。“所谓工业艺术你可曾领教过？”她信里发出嘲笑，“你从前常常苦心教我调颜色，一根一根地描出理想的线条，做什么，你知道么？……

“我想你决不能猜到两三星期以来，我和十几个本来都很活泼的女孩子，低下头都画一些什么……你闭上眼睛，喘口气，让我告诉你！墙上的花纸，好朋友！你能相信么？一束一束的粉红玫瑰花由我们手中散下来，整朵的，半朵的——因为有人开了工厂专为制造这种的美丽！……

“不，不，为什么我要脸红？现在我们都是工业战争的斗士——(多美丽的战争！)——并且你知道，各人有各人不同的报酬：花纸厂的主人今年新买了两个别墅，我们前夜把晚饭减掉一点居然去听音乐了，多谢那一束一束的玫瑰花！……”

幽默地，幽默地她写下去那样顽皮的牢骚。又一封：“……

好了，这已经是秋天，谢谢上帝，人工的玫瑰也会凋零的。这回任何一束什么花，我也决意不再制造了，那种逼迫人家眼睛堕落的差事，需要我所没有的勇敢，我失败了，不知道在心里哪一部分也受点伤。……

“我到乡村里来了，这回是散布知识给村里朴实的人！××书局派我来揽买卖，儿童的书，常识大全，我简直带着‘知识’的样本到处走。那可爱的老太太却问我要最新烹调的书，工作到很瘦的妇人要城市生活的小说看——你知道那种穿着晚服去恋爱的城市浪漫！

“我夜里总找回一些矛盾的微笑回到屋里。乡间的老太太都是理想的母亲，我生平没有吃过更多的牛奶，睡过更软的鸭绒被，原来手里提着锄头的农人，都是这样母亲的温柔给培养出来的力量。我爱他们那简单的情绪和生活，好像日和夜，太阳和影子，农作和食睡，夫和妇，儿子和母亲，幸福和辛苦都那样均匀地放在天平的两头。……

“这农村的妩媚，溪流树荫全合了我的意，你更想不到我屋后有个什么宝贝？一口井，老老实实旧式的一口井，早晚我都出去替老太太打水。真的，这样才是日子，虽然山边没有橄榄树，晚上也缺个织布的机杼，不然什么都回到我理想的以往里去。……

“到井边去汲水，你懂得那滋味么？天呀，我的衣裙让风吹得松散，红叶在我头上飞旋，这是秋天，不瞎说，我到井边去汲水去。回来时你看着我把水罐子扛在肩上回来！”

看完信，我心里又来了一个古典的钟绿。

约略是三月的时候，我的朋友手里拿本书，到我桌边来，问我看过没有这本新出版的书。我由抽屉中也扯出一本叫他看，他笑了，说：“你知道这个作者就是钟绿的情人。”

我高兴地谢了他，我说：“现在我可明白了。”我又翻出书中几行给他看，他看了一遍，放下书默诵了一回，说：“他是对的，他是对的，这个人实在很可爱，他们完全是了解的。”

此后，又过了半个月光景。天气渐渐地暖起来，我晚上在屋子里读书老是开着窗子，窗前一片草地隔着对面远处城市的灯光车马。有个晚上，很夜深了，我觉到冷，刚刚把窗子关上，却听到窗外有人叫我，接着有人拿沙子抛到玻璃上，我赶忙起来一看，原来草地上立着那个清癯的朋友，旁边有个女人立在我的门前。朋友说：“你能不能下来，我们有桩事托你。”

我蹑着脚下楼，开了门，在黑影模糊中听我朋友说：“钟绿，钟绿她来到这里，太晚没有地方住，我想，或许你可以设法，明天一早她就要走的。”他又低声向我说：“我知道你一定愿意认识她。”

这事真是来得非常突兀，听到了那么熟识却又是那么神话的钟绿，竟然意外地立在我的前边，长长的身影穿着外衣，低低的半顶帽遮着半个脸，我什么也看不清楚。我伸手和她握手，告诉她在校里常听到她。她笑声地答应我说，希望她能使我失望，远不如朋友所讲的她那么坏！

在黑夜里，她的声音像银铃样，轻轻地摇着，末后宽柔温好，带点回响。她又转身谢谢那个朋友，率真地揽住他的肩膀说：“百罗，你永远是那么可爱的一个人。”

她随了我上楼梯，我只觉到奇怪，钟绿在我心里始终成个古典人物，她的实际的存在在此时反觉得荒诞不可信。

我那时是个穷学生，和一个同学住一间不甚大的屋子，恰巧同房的那几天回家去了。我还记得那晚上我在她的书桌上，开了她那盏非常得意的浅黄色灯，还用了我们两人共用的大红浴衣铺在旁边大椅上，预备看书时盖在腿上当毯子享用。屋子的布置本来极简单，我们曾用尽苦心把它收拾得还有几分趣味，衣橱的前面我们用一大幅黑色带金线的旧锦挂上，上面悬着一副我朋友自己刻的金色美人面具，旁边靠墙放两架睡榻，罩着深黄的床幔和一些靠垫，两榻中间隔着一个薄纱的东方式屏风。窗前一边一张书桌，各人有个书架，几件心爱的小古董。

整个房子的神气还很舒适，颜色也带点古黯神秘。钟绿进房来，我就请她坐在我们唯一的大椅上，她把帽子外衣脱下，顺手把大红浴衣披在身上说："你真能让我独占这房里唯一的宝座么？"不知为什么，听到这话，我怔了一下，望着灯下披着红衣的她。看她里面本来穿的是一件古铜色衣裳，腰里一根很宽的铜质软带，一边臂上似乎套着两三副细窄的铜镯子，在那红色浴衣掩映之中，黑色古锦之前，我只觉到她由脸至踵有种神韵，一种名贵的气息和光彩，超出寻常所谓美貌或是漂亮。她的脸稍带椭圆，眉目清扬，有点儿南欧曼达娜的味道；眼睛清棕色，虽然甚大，却微微有点羞涩；她的头，脸，耳，鼻，口唇，前颈和两只手，则都像雕刻过的型体！每一面和她一面交接得那样清晰，又那样柔和，让光和影在上面活动着。

我的小铜壶里本来烧着茶，我便倒出一杯递给她。这回她却怔了说："真想不到这个时候有人给我茶喝，我这回真的走到中国了。”我笑了说：“百罗告诉我你喜欢到井里汲水，好，我就喜欢泡茶。各人有她传统的嗜好，不容易改掉。”就在那时候，她的两唇微微地一抿，像朵花，由含苞到开放，毫无痕迹地轻轻地张开，露出那一排贝壳般的牙齿，我默默地在心里说，我这一生总可以说真正的见过一个称得起美人的人物了。

“你知道，”我说，“学校里谁都喜欢说起你，你在我心里简直是个神话人物，不，简直是古典人物。今天你的来，到现在我还信不过这事的实在性！”

她说：“一生里事大半都好像做梦。这两年来我飘泊惯了，今天和明天的事多半是不相连续得多。本来现实本身就是一串不一定能连续而连续起来的荒诞。什么事我现在都能相信得过，尤其是此刻，夜这么晚，我把一个从来未曾遇见过的人的清静打断了，坐在她屋里，喝她几千里以外寄来的茶！”

那天晚上，她在我屋子里不止喝了我的茶，并且在我的书架上搬弄了我的书，我的许多相片，问了我一大堆话，告诉我她有个朋友喜欢中国的诗——我知道那就是那青年作家——她的情人，可是我没有问她。她就在我屋子中间小小灯光下愉悦地活动着，一会儿立在洛阳造像的墨拓前默了一会儿，停一刻又走过，用手指柔和地，顺着那金色面具的轮廓上抹下来，她搬弄我桌上的唐陶俑和图章，又问我壁上铜剑的铭文。纯净的型和线似乎都在引逗起她的兴趣。

一会儿她倦了，无意中伸个懒腰，慢慢地将身上束的腰带解下，自然地，活泼地，一件一件将自己的衣服脱下，裸露出她雕刻般惊人的美丽。我看着她耐性地，细致地，解除臂上的铜镯，又用刷子刷她细柔的头发，来回地走到浴室里洗面又走出来。她的美当然不用讲，我惊讶的是她所有举动，全个体态，都是那样的有个性，奏着韵律。我心里想，自然舞蹈班中几个美体的同学，和我们人体画班中最得意的两个模特——明蒂和苏茜，她们的美实不过是些浅显的柔和及妍丽而已，同钟绿真无法比较得来。我忍不住兴趣地直爽地笑对钟绿说："钟绿你长得实在太美了，你自己知道么？"

她忽然转过来看了我一眼，好脾气地笑起来，坐到我床上。

"你知道你是个很古怪的小孩子么？"她伸手抚着我的头后（那时我的头是低着的，似乎倒有点难为情起来），"老实告诉你，当百罗告诉我，要我住在一个中国姑娘的房里时，我倒有些害怕，我想着不知道我们要谈多少孔夫子的道德，东方的政治。我怕我的行为或许会触犯你们谨严的佛教！"

这次她说完，却是我打个哈欠，倒在床上好笑。

她说："你在这里原来住得还真自由。"

我问她是否指此刻我们不拘束的行动讲。我说，那是因为时候到底是半夜了，房东太太在梦里也无从干涉，其实她才是个极宗教的信徒，我平日极平常的画稿，拿回家来还曾经惊着她的腼腆。男朋友从来只到过我楼梯底下的，就是在楼梯边上坐着，到了十点半，她也一定咳嗽的。

钟绿笑了说："你的意思是从孔子庙到自由神中间并无多大距离！"那时，我睡在床上和她谈天，屋子里仅点一盏小灯。她披上睡衣，替我开了窗，才回到床上抱着膝盖抽烟，在一小闪光底下，她努着嘴喷出一个一个的烟圈，我又疑心我在做梦。

“我顶希望有一天到中国来，”她说，手里搬弄床前我的夹旗袍，“我还没有看见东方的莲花是什么样子。我顶爱坐帆船了。”

我说：“我和你约好了，过几年你来，挑个山茶花开遍了的时节，我给你披上一件长袍，我一定请你坐我家乡里最浪漫的帆船。”

“如果是个月夜，我还可以替你弹一曲希腊的弦琴。”

“也许那时候你更愿意死在你的爱人怀里！如果你的他也来。”我逗着她。

她忽然很正经地却用最柔和的声音说：“我希望有这福气。”

就这样说笑着，我朦胧地睡去。

到天亮时，我觉得有人推我，睁开了眼，看她已经穿好了衣裳，收拾好皮包，俯身下来和我作别。

“再见了，好朋友，”她又淘气地抚着我的头，“就算你做个梦吧。现在你信不信昨夜答应过人，要请她坐帆船？”

可不就像一个梦，我眯着两只眼，问她为何起得这样早。她告诉我要赶六点十分的车到乡下去，约略一个月后，或许回来，那时一定再来看我。她不让我起来送她，无论如何要我答应她，等她一走就闭上眼睛再睡。

于是，在天色微明中，我只再看到她歪着一顶帽子，倚在屏风旁边妩媚地一笑，便转身走出去了。一个月以后，她没有回来，其实等到一年半后，我离开 ×× 时，她也没有再来过这城的。我同她的友谊就仅仅限于那么一个短短的半夜，所以那天晚上是我第一次，也就是最末次，会见了钟绿。但是即使以后我没有再得到关于她的种种悲惨的消息，我也知道我是永远不能忘记她的。

那个晚上以后，我又得到她的消息时，约在半年以后，百罗告诉我说："钟绿快要出嫁了。她这种的恋爱真能使人相信人生还有点意义，世界上还有一点美存在。这一对情人上礼拜堂去，的确要算上帝的荣耀。"

我好笑忧郁的百罗说这种话，却是私下里也的确相信钟绿披上长纱会是一个奇美的新娘。那时候我也很知道一点新郎的样子和脾气，并且由作品里我更知道他留给钟绿的情绪，私下里很觉到钟绿幸福。至于他们的结婚，我倒觉得很平凡。我不时叹息，想象到钟绿无条件地跟着自然规律走，慢慢地变成一个妻子，一个母亲，渐渐离开她现在的样子，变老，变丑，到了我们从她脸上、身上再也看不出她现在的雕刻般的奇迹来。

谁知道事情偏不这样的经过，钟绿的爱人竟在结婚的前一星期骤然死去，听说钟绿那时正在试着嫁衣，得着电话没有把衣服换下，便到医院里晕死过去在她未婚新郎的胸口上。当我得到这个消息时，钟绿已经到法国去了两个月，她的情人也已葬在他们本来要结婚的礼拜堂后面。

因为这消息，我却时常想起钟绿试装中世纪尼姑的故事，有点儿迷信预兆。美人自古薄命的话，更好像有了凭据。但是最使我感恸的消息，还在此后两年多。

当我回国以后，正在家乡游历的时候，我接到百罗一封长信，我真是没有想到钟绿竟死在一条帆船上。关于这一点，我始终疑心这个场面，多少有点钟绿自己的安排，并不见得完全出自偶然。那天晚上对着一江清流，茫茫暮霭，我独立在岸边山坡上，看无数小帆船顺风漂过，忍不住泪下如雨，坐下哭了。

我耳朵里似乎还听见钟绿银铃似的温柔的声音说："就算你

做个梦，现在你信不信昨夜答应过请人坐帆船？”

原载 1935 年 6 月 16 日《大公报· 文艺副刊》

吉公

二三十年前，每一个老派头旧家族的宅第里面，竟可以是一个缩小的社会。内中居住着种种色色的人物，他们错综的性格，兴趣和琐碎的活动，或属于固定的，或属于偶然的，常可以在同一个时间里，展演如一部戏剧。

我的老家，如同当时其他许多家庭一样，在现在看来，尽可以称它做一个旧家族。那个并不甚大的宅子里面，也自成一种社会缩影。我同许多小孩子既在那中间长大，也就习惯于里面各种错综的安排和纠纷。像一条小鱼在海滩边生长，习惯于种种螺壳，蛤蜊，大鱼，小鱼，司空见惯，毫不以那种戏剧性的集聚为稀奇。但是事隔多年，有时反复回味起来，当时的情景反倒十分迫近。眼里颜色浓淡鲜晦，不但记忆浮沉驰骋，情感竟亦在不知不觉中重新伸缩，仿佛有所活动。

不过，那大部的戏剧此刻却并不在我念中，此刻吸引我回想的仅是那大部中一小部，那错综的人物中一个人物。

他是我们的舅公，这事实是经“大人们”指点给我们一群小孩子知道的。于是，我们都叫他做“吉公”，并不疑问到这事实的确实性。但是大人们却又在其他的时候里，间接的或直接的，告诉我们，他并不是我们的舅公的许多话！凡属于故事的话，当然都更能深入孩子的记忆里，这舅公的来历，就永远的在我们心里留下痕迹。

“吉公”是外曾祖母抱来的儿子，这故事一来就有些曲折，给孩子们许多想象的机会。外曾祖母本来自己是有个孩子的，据大人们所讲，他是如何的聪明，如何的长得俊！可惜在他九岁的那年一个很热的夏天里，竟然“出了事”。故事是如此的：他和一个小朋友，玩着抬起一个旧式的大茶壶桶，嘴里唱着土白的山歌，由供着神位的后厅抬到前面正厅里去……（我们心里在这里立刻浮出一张鲜明的图画：两个小孩子，赤着膊，穿着挑花大红肚兜，抬着一个朱漆木桶，里面装着一个白锡镶铜的大茶壶，多少两的粗茶叶，泡得滚热的——）但是悲剧也就发生在这幅图画后面，外曾祖父手里拿着一根旱烟管，由门后出来，无意中碰倒了一个孩子，事儿就坏了！那无可偿补的悲剧，就此永远嵌进那温文儒雅读书人的生命里去。

这个吉公用不着说是抱来替代那惨死去的聪明孩子的。但这是又过了十年，外曾祖母已经老了，祖母已将出阁时候的事。讲故事的谁也没有提到吉公小时是如何长得聪明美丽的话。如果讲到吉公小时的情形，且必用一点叹息的口气说起这吉公如何的顽皮，如何的不爱念书，尤其是关于学问是如何的没有兴趣，长大起来，他也始终不能去参加他们认为光荣的考试。

就一种理论讲，我们自己既在那里读书学做对子，听到吉公不会这门事，在心理上对吉公发生了一点点轻视并不怎样不合理，但是事实上我们不止对他的感情总是那么柔和，时常且对他发生不少的惊讶和钦佩。

吉公住在一个跨院的旧楼上边。不止在现时回想起来，那地方是个浪漫的去处，就是在当时，我们也未尝不觉到那一曲小小的旧廊，上边斜着吱吱哑哑的那么一道危梯，是非常有趣味的。

我们的境界既被限制在一所四面有围墙的宅子里，那活泼的孩子心有时总不肯在单调的生活中磋磨过去，故必定竭力的，在那限制的范围以内寻觅新鲜。在一片小小的地面上，我们认为最多变化，最有意思的，到底是人：凡是有人住的，无论哪一个小角落里，似乎都藏着无数的奇异，我们对它便都感着极大兴味。所以挑水老李住的两间平房，远在茶园子的后门边，和退休的老陈妈所看守的厨房以外一排空房，在我们寻觅新鲜的活动中，或可以说长成的过程中，都是绝对必需的。吉公住的那小跨院的旧楼，则更不必说了。

在那楼上，我们所受的教育，所汲取的知识，许多确非负责我们教育的大人们所能想象得到的。随便说吧，最主要的就有自鸣钟的机轮的动作，世界地图，油画的外国军队军舰和照相技术的种种，但是最要紧的还是吉公这个人，他的生平，他的样子，脾气，他自己对于这些新知识的兴趣。

吉公已是中年人了，但是对于种种新鲜事情的好奇，却还活像个孩子。在许多人跟前，他被认为是个不读书、不上进的落魄者，所以在举动上，在人前时，他便习惯于惭愧，谦卑，退让，拘束的神情，惟独回到他自己的旧楼上，他才恢复过来他种种生成的性格，与孩子们和蔼天真地接触。

在楼上，他常快乐地发笑：有时为着玩弄小机器一类的东西，他还会带着嘲笑似的，骂我们迟笨——在人前，这些便是绝不可能的事。用句现在极普通的语言讲，吉公是个有“科学的兴趣”的人，那个小小楼屋，便是他私人的实验室。但在当时，吉公只是一个不喜欢做对子、读经书的落魄者，那小小角隅实是祖母用着布施式的仁慈和友爱的含忍，让出来给他消磨无用的日月的。

夏天里，约略在下午两点的时候。那大小几十口复杂的家庭里，各人都能将他一份事情打发开来，腾出一点时光睡午觉。小孩们有的也被他们母亲或看妈抓去横睡在又热又闷气的床头一角里去。在这个时候，火似的太阳总显得十分寂寞，无意义地罩着一个两个空院，一处两处洗晒的衣裳，刚开过饭的厨房；或无人用的水缸。在清静中，喜鹊大胆地飞到地面上，像人似的来回走路，寻觅零食，花猫黄狗全都蜷成一团，在门槛旁把头睡扁了似的不管事。

我喜欢这个时候，这种寂寞对于我有说不出的滋味。饭吃过，随便在哪个荫凉处呆着，用不着同伴，我就可以寻出许多消遣来。起初，我常常一人走进吉公的小跨院里去，并不为的找吉公，只站在门洞里吹穿堂风，或看那棵大柚子树的树荫罩在我前面来回地摇晃。有一次我满以为周围只剩我一人的，忽然我发现廊下有个长长的人影，不觉一惊，顺着人影偷着看去，我才知道是吉公一个人在那里忙着一件东西。他看我走来便向我招手。

原来这时间也是吉公最宝贵的时候，不轻易拿来糟蹋在午睡上面。我同他的特殊的友谊便也建筑在这点点同情上。他告我他私自学会了照相，家里新买到一架照相机已交给他尝试。夜里，我是看见过的，他点盏红灯，冲洗那种旧式玻璃底片，白日里他一张一张耐性地晒片子，这还是第一次让我遇到！那时他好脾气地指点给我一个人看，且请我帮忙，两次带我上楼取东西。平常孩子们太多他没有工夫讲解的道理，此刻慢吞吞地也都和我讲了一些。

吉公楼上的屋子是我们从来看不厌的，里面东西实在是不少，老式钟表就有好几个，都是亲戚们托他修理的，有的是解散开来卧在一个盘子里，等他一件一件再细心地凑在一起。桌上竟还放着一副千里镜，墙上满挂着许多很古怪翻印的油画，有的是些外国皇族，最多还是有枪炮的普法战争的图画，和一些火车轮船的影片以及大小地图。

“吉公，谁教你怎么修理钟的？”

吉公笑了笑，一点不骄傲，却显得更谦虚的样子，努一下嘴，叹口气说：“谁也没有教过吉公什么！”

“这些机器也都是人造出来的，你知道！”他指着自鸣钟，“谁要喜欢这些东西尽可拆开来看看，把它弄明白了。”

“要是拆开了还不大明白呢？”我问他。

他更沉思地叹息了。

“你知道，吉公想大概外国有很多工厂教习所，教人做这种灵巧的机器，凭一个人的聪明一定不会做得这样好。”说话时吉公带着无限的怅惘。我却没有听懂什么工厂什么教习所的话。

吉公又说：“我那天到城里去看一个洋货铺里面有个修理钟表的柜台，你说也真奇怪，那个人在那里弄个钟，许多地方还没吉公明白呢！”

在这个时候，我以为吉公尽可以骄傲了，但是吉公的脸上此刻看去却更惨淡，眼睛正望着壁上火轮船的油画看。

“这些钟表实在还不算有意思。”他说，“吉公想到上海去看一次火轮船，那种大机器转动起来够多有趣？”

“伟叔不是坐着那么一个上东洋去了么？”我说，“你等他回来问问他。”

吉公苦笑了。“傻孩子，伟叔是读书人，他是出洋留学的，坐到一个火轮船上，也不到机器房里去的，那里都是粗的工人火伕等管着。”

“那你呢？难道你就能跑到粗人火伕的机器房里去？”孩子们受了大人影响，怀疑到吉公的自尊心。

“吉公喜欢去学习，吉公不在乎那些个，”他笑了，看看我为他十分着急的样子，忙把话转变一点安慰我说，“在外国，能干的人也有专管机器的，好比船上的船长吧，他就也得懂机器还懂地理。军官吧，他就懂炮车里机器，尽念古书不相干的，洋人比我们能干，就为他们的机器……”

这次吉公讲的话很多，我都听不懂，但是我怕他发现我太小不明白他的话，以后不再要我帮忙，故此一直勉强听下去，直到吉公记起廊下的相片，跳起来拉了我下楼。

又过了一些日子，吉公的照相颇博得一家人的称赞，尤其是女人们喜欢得了不得。天好的时候，六婶娘找了几位妯娌，请祖母和姑妈们去她院里照相。六婶娘梳着油光的头，眉目细细地淡淡地画在她的白皙脸上，就同她自己画的兰花一样有几分勉强。她的院里有几棵梅花，几竿竹，一个月门，还有一堆假山，大家都认为可以入画的景致。但照相前，各人对于陈设的准备，也和吉公对于照相机底片等等的部署一般繁重。婶娘指挥丫头玉珍，花匠老王，忙着摆茶几，安放细致的水烟袋及茶杯，前面还要排着讲究的盆花，然后两旁列着几张直背椅，各人按着辈分岁数个个坐成一个姿势，有时还拉着一两个孩子做衬托。

在这种时候，吉公的头与手在他黑布与机器之间耐烦地周旋着，周旋到相当时间，他认为已经到达较完满的程度，才把头伸出观望那被摄影的人众。每次他有个新颖的提议，照相的人们也就有说有笑的起劲。这样祖母便很骄傲起来，这是连孩子们都觉察得出的，虽然我们当时并未了解她的许多伤心。吉公呢，他的全副精神却在那照相技术上边，周围的空气，人情并不在他注意中。等到照相完了，他才微微地感到一种完成的畅适，兴头地掮着照相机，带着一群孩子回去。

还有比这个严重的时候，如同年节或是老人们的生日，或宴客，吉公的照相职务便更为重要了。早上你到吉公屋里去，便看得到厚厚的红布黑布挂在窗上，里面点着小红灯，吉公驼着背在黑暗中来往的工作。他那种兴趣，勤劳和认真，现在回想起来，我相信如果他晚生了三十年，这个社会里必定会有他一个结实的地位的。照相不过是他当时一个不得已的科学上活动，他对于其他机器的爱好，却并不在照相以下。不过，在实际上照相既有所贡献于接济他生活的人，他也只好安于这份工作了。

另一次我记得特别清楚，我那喜欢兵器，武艺的祖父，拿了许多所谓“洋枪”到吉公那里，请他给揩擦上油。两人坐在廊下谈天，小孩子们也围上去。吉公开一瓶橄榄油，扯点破布，来回地把玩那些我们认为颇神秘的洋枪，一边议论着洋船，洋炮，及其他洋人做的事。

吉公所懂得的均是具体知识，他把枪支在手里，开开这里，动动那里，演讲一般指手画脚讲到机器的巧妙，由枪到炮，由炮到船，由船到火车，一件一件。祖父感到惊讶了，这已经相信维新的老人听到吉公这许多话，相当地敬服起来，微笑凝神地在那里点头领教。大点的孩子也都闻所未闻地睁大了眼睛。我最深的印象便是那次是祖父对吉公非常愉悦的脸色。

祖父谈到航海，说起他年轻的时候，极想到外国去，听到某处招生学洋文，保送到外洋去，便设法想去投考。但是那时他已聘了祖母，丈人方面得到消息大大的不高兴，竟以要求退婚要挟他把那不高尚的志趣打消。吉公听了，黯淡的一笑，或者是想到了他自己年少时多少的梦，也曾被这同一个读书人给毁掉了。

他们讲到苏彝士运河，吉公便高兴地，同情地，把楼上地图拿下来，由地理讲到历史，甲午呀，庚子呀，我都是在那时第一次听到。我更记得平常不讲话的吉公当日愤慨的议论，我为他不止一点的骄傲，虽然我不明白为什么他的结论总回到机器上。

但是一年后吉公离开我们家，却并不为着机器，而是出我们意料外地为着一个女人。

也许是因为吉公的照相相当地出了名，并且时常地出去照附近名胜风景，让一些人知道了，就常有人来请他去照相。为着对于技术的兴趣，他亦必定到人家去尽义务的为人照全家乐，或戴着朝珠补褂的单人留影。酬报则时常是些食品，果子。

有一次有人请他去，照相的却是一位未曾出阁的姑娘，这位姑娘因在择婿上稍稍经过点周折，故此她家里对于她的亲事常怀着悲观。与吉公认识的是她堂房哥哥，照相的事是否这位哥哥故意地设施，家里人后来议论得非常热烈，我们也始终不得明了。要紧的是，事实上吉公对于这姑娘一家甚有好感，为着这姑娘的相片也颇尽了些职务：我不记得他是否在相片上设色，至少那姑娘的口唇上是抹了一小点胭脂的。

这事传到祖母耳里，这位相信家教谨严的女人便不大乐意。起前，她觉得一个未出阁的女子，相片交给一个没有家室的男子手里印洗，是不名誉不正当的。并且这女子既不是和我们同一省份，便是属于“外江”人家的，事情尤其要谨慎。在这纠纷中，我才又得听到关于吉公的一段人生悲剧。多少年前他是曾经娶过妻室的，一位年轻美貌的妻子，并且也生过一个孩子，却在极短的时间内，母子两人全都死去。这事除却在吉公一人的心里，这两人的存在几乎不在任何地方留下一点凭据。

现在这照相的姑娘是吉公生命里的一个新转变，在他单调的日月里开出一条路来。不止在人情上吉公也和他人一样需要异性的关心和安慰，就是在事业的野心上，这姑娘的家人也给吉公以不少的鼓励，至少到上海去看火轮船的梦是有了相当的担保，本来悠长没有着落的日子，现在是骤然地点上希望。虽然在人前吉公仍是沉默，到了小院里他却开始愉快地散步，注意到柚子树又开了花，晚上有没有月亮，还买了几条金鱼养到缸里。在楼上他也哼哼一点调子，把风景照片镶成好看的框子，零整地拿出去托人代售。有时他还整理旧箱子，多少年他没有心绪翻检的破旧东西，现在有时也拿出来放在床上，椅背上，尽小孩子们好奇地问长问短，他也满不在乎了。

忽然突兀地他把婚事决定了，也不得我祖母的同意，便把吉期选好，预备去入赘。祖母生气到默不做声，只退到女人家的眼泪里去，呜咽她对于这弟弟的一切失望。家里人看到舅爷很不体面地，到外省人家去入赘，带着一点箱笼什物，自然也有许多与祖母表同情的。但吉公则终于离开那所浪漫的楼屋，去另找他的生活了。

那布着柚子树荫的小跨院渐渐成为一个更寂寞的角隅，那道吱吱哑哑的木梯从此便没有人上下，除却小孩子们有时淘气，上到一半又赶忙下来。现在想来，我不能不称赞吉公当时那一点挣扎的活力，能不甘于一种平淡的现状。那小楼只能尘封吉公过去不幸的影子，却不能把他给活埋在里边。

吉公的行为既是叛离亲族，在旧家庭里许多人就不能容忍这种的不自尊。他婚后的行动，除了带着新娘来拜过祖母外，其他事情便不听到有人提起！似乎过了不久的时候，他也就到上海去，多少且与火轮船有关系。有一次我曾大胆地问过祖父，他似乎对于吉公是否在火轮船做事没有多大兴趣，完全忘掉他们一次很融洽的谈话。在祖母生前，吉公也还有来信，但到她死后，就完全地渺然消失，不通音讯了。

两年前，我南下回到幼年居住的城里去，无意中遇到一位远亲，他告诉我吉公住在城中，境况非常富裕，子女四人，在各个学校里读书，对于科学都非常嗜好，尤其是内中一个，特别聪明，屡得学校奖金，等等。于是，我也老声老气地发出人世的感慨。如吉公自己生早了三四十年，我说，我希望他这个儿子所生的时代与环境合适于他的聪明，能给他以发展的机会，不再复演他老子的悲剧，并且在生命的道上，我祝他早遇到同情的鼓励，敏捷地达到他可能的成功。这得失且并不仅是吉公个人的，而可以计算做我们这老朽的国家的。

至于我会见到那六十岁的吉公，听到他离开我们家以后一段奋斗的历史，这里实没有细讲的必要，因为那中年以后不经过训练，自己琢磨出来的机器师，他的成就必定是有限的。纵使他有相当天赋的聪明，他亦不能与太不适当的环境搏斗。由于爱好机器，他到轮船上做事，到码头公司里任职，更进而独立的创办他的小规模丝织厂，这些全同他的照相一样，仅成个实际上能博取物质胜利的小事业，对于他精神上超物质的兴趣，已不能有所补助，有所启发。年老了，当时的聪明一天天消失，所余仅是一片和蔼的平庸和空虚。认真地说，他仍是个失败者。如果迷信点的话，相信上天或许要偿补给吉公他一生的委屈，这下文的故事，就应该在他那个聪明孩子和我们这个时代上，但是我则仍然十分怀疑。

原载1935年8月11日《大公报·文艺副刊》

文珍

家里在复杂情形下搬到另一个城市去，自己是多出来的一件行李。大约七岁，似乎已长大了，篁姊同家里商量接我到她处住半年，我便被送过去了。

起初，一切都是那么模糊，重叠的一堆新印象乱在一处：老大的旧房子，不知有多少老老少少的人，楼，楼上幢幢的人影，嘈杂陌生的声音，假山，绕着假山的水池，很讲究的大盆子花，菜圃，大石井，红红绿绿小孩子，穿着很好看或粗糙的许多妇人围着四方桌打牌的，在空屋里养蚕的，晒干菜的，生活全是那么混乱繁复和新奇。自己却总是孤单，怯生，寂寞。积渐地在纷乱的周遭中，居然挣扎出一点头绪，认到一个凝固的中心，在寂寞焦心或怯生时便设法寻求这个中心，抓紧它，旋绕着它要求一个孩子所迫切需要的保护，温暖和慰安。

这凝固的中心便是一个约摸十七岁年龄的女孩子。她有个苗条身材，一根很黑的发辫，扎着大红绒绳，两只灵活真叫人喜欢黑晶似的眼珠，和一双白皙轻柔无所不会的手。她叫做文珍。人人都喊她文珍，不管是梳着油光头的妇女，扶着拐杖的老太太，刚会走路的“孙少”，老妈子或门房里人！

文珍随着喊她的声音转，一会儿在楼上牌桌前张罗，一会儿下楼穿过廊子不见了，又一会儿是哪个孩子在后池钓鱼，喊她去寻钓竿，或是另一个追她到园角攀摘隔墙的还不熟透的桑椹。一天之中，这扎着红绒绳的发辫到处可以看到，跟着便是那灵活的眼珠。本能的，我知道我寻着我所需要的中心，和骆驼在沙漠中望见绿洲一样。清早上寂寞地踱出院子，一边望着银红阳光射在藤萝叶上，一边却盼望着那扎着红绒绳的辫子快点出现。凑巧她过来了，花布衫熨得平平的，就有补的地方，也总是剪成如意或桃子等好玩的式样，雪白的袜子，青布的鞋，轻快地走着路，手里持着一些老太太早上需要的东西，开水，脸盆或是水烟袋，看着我，她就和蔼亲切地笑笑：“怎么不去吃稀饭？”

难为情地，我低下头。

“好吧，我带你去。尽怕生不行的呀！”

感激的我跟着她走。到了正厅后面（两张八仙桌上已有许多人在吃早饭），她把东西放在一旁，携着我的手到了中间桌边，顺便地喊声："五少奶，起得真早。"等五少奶转过身来，便更柔声地说："小客人还在怕生呢，一个人在外边吹着，也不进来吃稀饭！"于是，把我放在五少奶旁边方凳上，她自去大锅里盛碗稀饭，从桌心碟子里挟出一把油炸花生，拣了一角有红心的盐鸡蛋放在我面前，笑了一笑走去几步，又回头来，到我耳朵边轻轻地说："好好地吃，吃完了，找阿元玩去，他们早上都在后池边看花匠做事，你也去。"或是："到老太太后廊子找我，你看不看怎样挟燕窝？"

红绒发辫暂时便消失了。

太阳热起来，有天我在水亭子里睡着了，睁开眼正是文珍过来把我拉起来，"不能睡，不能睡，这里又是日头又是风的，快给我进去喝点热茶。"害怕的我跟着她去到小厨房，看着她拿开水冲茶，听她嘴里哼哼地唱着小调。篁姊走过看到我们便喊："文珍，天这么热你把她带到小厨房里做什么？"我当时真怕文珍生气，文珍却笑嘻嘻地："三少奶奶，你这位妹妹真怕生，总是一个人闷着，今天又在水亭里睡着了，你给她想想法子解解闷，这里怪难为她的。"

篁姊看看我说："怎么不找那些孩子玩去？"我没有答应出来，文珍在篁姊背后已对我挤了挤眼，我感激地便不响了。篁姊走去，文珍拉了我的手说："不要紧，不找那些孩子玩时就来找我好了，我替你想想法子。你喜欢不喜欢拆旧衣衫？我给你一把小剪子，我教你。"

于是，面对面我们两人有时便坐在树荫下拆旧衣，我不会时她就叫我帮助她拉着布，她一个人剪，一边还同我讲故事。指着大石井，她说："文环比我大两岁长得顶好看了，好看的人没有好命，更可怜！我的命也不好，可是我长得老实样，没有什么人来欺侮我。"文环是跳井死的丫头，这事发生在我未来这家以前，我就知道孩子们到了晚上，便互相逗着说文环的鬼常常在井边来去。

"文环的鬼真来么？"我问文珍。

"这事你得问芳少爷去。"

我怔住不懂，文珍笑了，"小孩子还信鬼么？我告诉你，文环的死都是芳少爷不好，要是有鬼她还不来找他算帐，我看，就没有鬼，文环白死了！"我仍然没有懂，文珍也不再往下讲了，自己好像不胜感慨的样子。

过一会儿，她忽然说："芳少爷讲书倒讲得顶好了，我替你出个主意，等他们早上讲诗的时候，你也去听。背诗挺有意思的，明天我带你去听。"

到了第二天，她果然便带了我到东书房去听讲诗。八九个孩子看到文珍进来，都看着芳哥的脸。文珍满不在乎地坐下，芳哥脸上却有点两样，故作镇定地向着我说：

"小的孩子，要听可不准闹。"我望望文珍，文珍抿紧了嘴不响，打开一个布包，把两本唐诗放在我面前，轻轻地说："我把书都给你带来了。"

芳哥选了一些诗，叫大的背诵，又叫小的跟着念，又讲李太白怎样会喝酒的故事。文珍看我已经很高兴地在听下去，自己便轻脚轻手地走出去了。此后，每天我学了一两首新诗，到晚上就去找文珍背给她听，背错了她必提示我，每背出一首她还替我抄在一个本子里——如此文珍便做了我的老师。

五月节中，文珍裹的粽子好，做的香袋更是特别出色，许多人便托她做，有的送她缎面鞋料，有的给她旧布衣衫，她都一脸笑高兴地接收了。有一天在她屋子里玩，我看到她桌子上有个古怪的纸包，我问她里边是些什么，她也很稀奇地说连她都不知道。我们两人好奇地便一同打开看。原来里边裹着是一把精致的折扇，上面画着两三朵菊花，旁边细细地写着两行诗。

“这可怪了，”她喊了起来，接着眼珠子一转，仿佛想起什么了，便轻声地骂着，“鬼送来的！”

听到鬼，我便联想到文环，忽然恍然，有点明白这是谁送来的！我问她可是芳哥？她望着我看看，轻轻拍了我一下，好脾气地说：“你这小孩子家好懂事，可是，”她转了一个口吻，“小孩子家太懂事了，不好的。”过了一会儿，看我好像很难过，又笑逗着我：“好娇气，一句话都吃不下去！轻轻说你一句就值得撅着嘴这半天！以后怎做人家儿媳妇？”我羞红了脸便和她闹，半懂不懂地大声念扇子上的诗。这下她可真急了，把扇子夺在手里说：“你看我稀罕不稀罕爷们的东西！死了一个丫头还不够呀？”一边说一边狠狠地把扇子撕个粉碎，伏在床上哭起来了。

我从来没有想到文珍会哭的，这一来我慌了手脚，爬在她背上摇她，一直到自己也哭了，她才回过头来说：“好小姐，这是怎么闹的，快别这样了。”替我擦干了眼泪，又哄了我半天，一共做了两个香包才把我送走。

在夏天，有一个薄暮里大家都出来到池边乘凉看荷花，小孩子忙着在后园里捉萤火虫，我把文珍也拉去绕着假山竹林子走，一直到了那扇永远锁闭着的小门前边。阿元说那边住的一个人家是革命党，我们都问革命党是什么样子，要爬在假山上面往那边看。文珍第一个上去，阿元接着我推上去。等到我的脚自己能立稳的时候，我才看到隔壁院里一个剪发的年轻人，仰着头望着我们笑。文珍急着要下来，阿元却正挡住她的去路。阿元上到山顶冒冒失失地便向着那人问："喂，喂，我问你，你是不是革命党呀？"那人皱一皱眉又笑了笑，问阿元敢不敢下去玩，文珍生气了说阿元太顽皮，自己便先下去把我也接下去走了。

过了些时，我发现这革命党邻居已同阿元成了至交，时常请阿元由墙上过去玩，他自己也越墙过来同孩子们玩过一两次。他是个东洋留学生，放暑假回家的，很自然地我注意到他注意文珍，可是一切事在我当时都是一片模糊，莫明其所以的。文珍一天事又那么多，有时被孩子们纠缠不过，总躲了起来在楼上挑花做鞋去，轻易不见她到花园里来玩的。

可是，忽然间全家里空气突然紧张，大点的孩子被二少奶老太太传去问话，我自己也被篁姊询问过两次关于小孩子们爬假山结交革命党的事，但是每次我都咬定了不肯说有文珍在一起。在那种大家庭里厮混了那么久，我也积渐明白做丫头是怎样与我们不同，虽然我却始终没有看到文珍被打过。

经过这次事件以后，文珍渐渐变成沉默，没有先前活泼了。多半时候都在正厅耳房一带，老太太的房里或是南楼上，看少奶奶们打牌。仅在篁姊生孩子时，晚上过来陪我剪花样玩，帮我写两封家信。看她样子好像很不高兴。

中秋前几天阿元过来，报告我说家里要把文珍嫁出去，已经说妥了人家，一个做生意的，长街小钱庄里管账的，听说文珍认得字，很愿意娶她，一过中秋便要她过门，我一面心急文珍要嫁走，却一面高兴这事的新鲜和热闹。

“文珍要出嫁了！”这话在小孩子口里相传着，但是见到文珍我却没有勇气问她。下意识地，我也觉到这桩事的不妙，一种黯淡的情绪笼罩着文珍要被嫁走的新闻上面。我记起文珍撕扇子那一天的哭，我记起我初认识她时她所讲的文环的故事，这些记忆牵牵连连地放在一起，都似乎叫我非常不安。到后来，我忍不住了，在中秋前两夜，大月亮和桂花香中，看文珍正到我们天井外石阶上坐着时，上去坐在她旁边，无暇思索地问她：“文珍，我同你说。你真要出嫁了么？”

文珍抬头看看树枝中间月亮：“她们要把我嫁了！”

“你愿意么？”

“什么愿意不愿意的，谁大了都得嫁不是？”

“我说是你愿意嫁给那么一个人家么？”

“为什么不？反正这里人家好，于我怎么着？我还不是个丫头，穿得不好，说我不爱体面，穿得整齐点，便说我闲话，说我好打扮，想男子！……说我……”

她不说下去，我也默然不知道说什么。

“反正，”她接下去说，“丫头小的时候可怜，好容易捱大了，又得遭难！不嫁老在那里磨着，嫁了不知又该受些什么罪！活该我自己命苦，生在凶年……亲爹嬷背了出来卖给人家！”

我以为她又哭了，她可不，忽然立了起来，上个小山坡，颠起脚来连连折下许多桂花枝，拿在手里嗅着。

“我就嫁！”她笑着说，“她们给我说定了谁，我就嫁给谁！管他呢，命要不好，遇到一个醉汉打死了我，不更干脆？反正，文环死在这井里，我不能再在他们家上吊！这个那个都待我好，可是我可伺候够了，谁的事我不做一堆？不待我好，难道还要打我？”

“文珍，谁打过你？”我问。

“好，文环不跳到井里去了么，谁现在还打人？”

她这样回答，随着把手里桂花丢过一个墙头，想了想，笑起来。我是完全地莫名其妙。

“现在我也大了，闲话该轮到我了，”她说了又笑，“随他们说去，反正是个丫头，我不怕！……我要跑就跑，跟卖布的，卖糖糕的，卖馄饨的，担臭豆腐挑子沿街喊的，出了门就走了！谁管得了我？”她放声地咭咭呱呱地大笑起来，两只手拿我的额发辫着玩。

我看她高兴，心里舒服起来。寻常女孩子家自己不能提婚姻的事，她竟说要跟卖臭豆腐的跑了，我暗暗稀罕她说话的胆子，自己也跟说疯话：

“文珍，你跟卖馄饨的跑了，会不会生个小孩子也卖馄饨呀？”

文珍的脸忽然白下来，一声不响。

××钱庄管账的来拜节，有人一直领他到正院里来，小孩们都看见了。这人穿着一件蓝长衫，罩一件青布马褂，脸色乌黑，看去真像有了四十多岁，背还有点驼，指甲长长的，两只手老筒在袖里，顽皮的大孩子们眼睛骨碌碌地看着他，口上都在轻轻地叫他新郎。

我知道文珍正在房中由窗格子里可以看得见他，我就跑进去找寻，她却转到老太太床后拿东西，我跟着缠住，她总一声不响。忽然，她转过头来对我亲热的一笑，轻轻地，附在我耳后说，“我跟卖馄饨的去，生小孩，卖小馄饨给你吃。”说完噗嗤地稍稍大声点笑。我乐极了就跑出去。但所谓“新郎”却已经走了，只听说人还在外客厅旁边喝茶，商谈亲事应用的茶礼，我也没有再出去看。

此后几天，我便常常发现文珍到花园里去，可是几次，我都找不着她，只有一次我看见她从假山后那小路回来。

“文珍你到哪里去？”

她不答应我，仅仅将手里许多杂花放在嘴边嗅，拉着我到池边去说替我打扮个新娘子。我不肯，她就回去了。又过了些日子我家来人接我回去，晚上文珍过来到我房里替篁姊收拾我的东西。看见房里没有人，她把洋油灯放低了一点，走到床边来同我说：

“我以为我快要走了，现在倒是你先去，回家后可还记得起来文珍？”

我眼泪挂在满脸，抽噎着说不出话来。“不要紧，不要紧。”她说，“我到你家来看你。”

“真的么？”我伏在她肩上问。

“那谁知道！”

“你是不是要嫁给那钱庄管账的？”

“我不知道。”

“你要嫁给他，一定变成一个有钱的人了，你真能来我家么？”

“我也不知道。”

我又哭了。文珍摇摇我，说：“哭没有用的，我给你写信好不好？”

我点点头，就躺下去睡。

回到家后我时常盼望着文珍的信，但是她没有给我信。真的革命了，许多人都跑上海去住，篁姊来我们家说文珍在中秋节后快要出嫁以前逃跑了，始终没有寻着。这消息听到耳里同雷响一样，我说不出的牵挂担心她。我鼓起勇气地问文珍是不是同一个卖馄饨的跑了，篁姊惊讶地问我：“她时常同卖馄饨的说话么？”

我摇摇头说没有。

“我看，”篁姊说，“还是同那革命党跑的！”

一年以后，我还在每个革命画册里想发现文珍的情人。文珍却从没有给我写过一封信。

原载 1936 年 6 月 14 日《大公报· 文艺副刊》

绣绣

因为时局，我的家暂时移居到 ××。对楼张家的洋房子楼下住着绣绣。那年绣绣十一岁，我十三。起先，我们互相感觉到使彼此不自然，见面时便都先后红起脸来，准备彼此回避。但是每次总又同时彼此对望着，理会到对方有一种吸引力，使自己不容易立刻实行逃脱的举动。于是，在一个下午，我们便有意距离彼此不远地同立在张家楼前，看许多人用旧衣旧鞋热闹地换碗。

还是绣绣聪明，害羞地由人丛中挤过去，指出一对美丽的小磁碗给我看，用秘密亲昵的小声音告诉我她想到家里去要一双旧鞋来换。我兴奋地望着她回家的背影，心里漾起一团愉悦的期待。不到一会子工夫，我便又佩服又喜悦地参观到绣绣同换碗的贩子一段交易的喜剧，变成绣绣的好朋友。

那张小小的图画今天还顶温柔地挂在我的胸口。这些年了，我仍能见到绣绣的两条发辫系着大红绒绳，睁着亮亮的眼，抿紧着嘴，边走边跳地过来，一只背在后面的手里提着一双旧鞋。挑卖磁器的贩子口里衔着旱烟，像一个高大的黑影，笼罩在那两簇美丽得同云一般各色磁器的担子上面！一些好奇的人都伸过头来看。“这么一点点小孩子的鞋，谁要？”贩子坚硬的口气由旱烟管的斜角里呼出来。

“这是一双皮鞋，还新着呢！”绣绣抚爱地望着她手里旧皮鞋。那双鞋无疑地曾经一度给过绣绣许多可骄傲的体面。鞋面有两道鞋扣。换碗的贩子终于被绣绣说服，取下口里旱烟扣在灰布腰带上，把鞋子接到手中去端详。绣绣知道这机会不应该失落，也就很快地将两只渴慕了许多时候的小花碗捧到她手里。但是鹰爪似的贩子的一只手早又伸了过来，将绣绣手里梦一般美满的两只小碗仍然收了回去。绣绣没有话说，仰着绯红的脸，眼睛潮润着失望的光。

我听见后面有了许多嘲笑的声音，感到绣绣孤立的形势和她周围一些侮辱的压迫，不觉起了一种不平。“你不能欺侮她小！”我听到自己的声音威风地在贩子的肋下响，“能换就换换，不能换，就把皮鞋还给她！”贩子没有理我，也不去理绣绣，忙碌地同别人交易，小皮鞋也还夹在他手里。

“换了吧老李，换了吧，人家一个孩子。”人群中忽有个老年好事的人发出含笑慈祥的声音。“倚老卖老”的他将担子里那两只小碗重新捡出交给绣绣同我：“哪，你们两个孩子拿着这两只碗快走吧！”我惊讶地接到一只碗，不知所措。绣绣却挨过亲热的小脸扯着我的袖子，高兴地笑着示意叫我同她一块儿挤出人堆来。那老人或不知道，他那时塞到我们手里的不止是两只碗，并且是一把鲜美的友谊。

自此以后，我们的往来一天比一天亲密。早上，我伴绣绣到西街口小店里买点零星东西。绣绣是有任务的，她到店里所买的东西都是油盐酱醋，她妈妈那一天做饭所必需的物品，当我看到她在店里非常熟识地要她的货物了，从容地付出或找入零碎铜元同吊票时，我总是暗暗地佩服她的能干，羡慕她的经验。最使我惊异的则是她妈妈所给我的印象——黄瘦的，那妈妈是个极懦弱无能的女人，因为带着病，她的脾气似乎非常暴躁。种种的事她都指使着绣绣去做，却又无时无刻不咕噜着，教训着她的孩子。

起初，我以为绣绣没有爹，不久我就知道原来绣绣的父亲是个很阔绰的人物。他姓徐，人家叫他徐大爷，同当时许多父亲一样，他另有家眷住在别一处的。绣绣同她妈妈母女两人早就寄住在这张家亲戚楼下两小间屋子里，好像被忘记了的孤寡。绣绣告诉我，她曾到过她爹爹的家，那还是她那新姨娘没有生小孩以前，她妈叫她去同爹要一点钱，绣绣说时脸红了起来，头低了下去，挣扎着心里各种的羞愤和不平。我没有敢说话，绣绣随着也就忘掉了那不愉快的方面，抬起头来告诉我，她爹家里有个大洋狗非常的好，“爹爹叫它坐下，它就坐下。”还有一架洋钟，绣绣也不能够忘掉“钟上面有个门”，绣绣眼里亮起来，“到了钟点，门会打开，里面跳出一只鸟来，几点钟便叫了几次。”“那是——那是爹爹买给姨娘的。”绣绣又偷偷告诉了我。

“我还记得有一次我爹爹抱过我呢，”绣绣说，她常同我讲点过去的事情。“那时候，我还顶小，很不懂事，就闹着要下地，我想那次我爹一定很不高兴的！”绣绣追悔地感到自己的不好，惋惜着曾经领略过又失落了的一点点父亲的爱。“那时候，你太小了当然不懂事。”我安慰着她。“可是……那一次我到爹家里去时，又弄得他不高兴呢！”绣绣心里为了这桩事，大概已不止一次地追想难过着，“那天我要走的时候，”她重新说下去，“爹爹翻开抽屉问姨娘有什么好玩艺儿给我玩，我看姨娘没有答应，怕她不高兴便说，我什么也不要，爹听见就很生气把抽屉关上，说：不要就算了！”——这里绣绣本来清脆的声音显然有点哑，“等我再想说话，爹已经起来把给妈的钱交给我，还说，你告诉她，有病就去医，自己乱吃药，明日吃死了我不管！”这次绣绣伤心地对我诉说着委屈，轻轻抽噎着哭，一直坐在我们后院子门槛上玩，到天黑了才慢慢地踱回家去，背影消失在张家灰黯的楼下。

夏天热起来，我们常常请绣绣过来喝汽水，吃藕，吃西瓜。娘把我太短了的花布衫送给绣绣穿，她活泼地在我们家里玩，帮着大家摘菜，做凉粉，削果子做甜酱，听国文先生讲书，讲故事。她的妈则永远坐在自己窗口里，摇着一把蒲扇，不时颤声地喊：“绣绣！绣绣！”底下咕噜着一些埋怨她不回家的话，“……同她父亲一样，家里总坐不住！”

有一天，天将黑的时候，绣绣说她肚子痛，匆匆跑回家去。

到了吃夜饭时候，张家老妈到了我们厨房里说，绣绣那孩子病得很，她妈不会请大夫，急得只坐在床前哭。我家里人听见了就叫老陈妈过去看绣绣，带着一剂什么急救散。我偷偷跟在老陈妈后面，也到绣绣屋子去看她。我看到我的小朋友脸色苍白地在一张木床上呻吟着，屋子在那黑夜小灯光下闷热的暑天里，显得更凌乱不堪。那黄病的妈妈除却交叉着两只手发抖地在床边敲着，不时呼唤绣绣外，也不会为孩子预备一点什么适当的东西。大个子的蚊子咬着孩子的腿同手臂，大粒子汗由孩子额角沁出流到头发旁边。老陈妈慌张前后地转，拍着绣绣的背，又问徐大妈妈——绣绣的妈——要开水，要药锅煎药。我偷个机会轻轻溜到绣绣床边叫她，绣绣听到声音还勉强地睁开眼睛看看我作了一个微笑，吃力地低声说，“蚊香……在屋角……劳驾你给点一根……”她显然习惯于母亲的无用。

“人还清楚！”老陈妈放心去熬药。这边徐大妈妈咕噜着，“告诉你过人家的汽水少喝！果子也不好，我们没有那命吃那个……偏不听话，这可招了祸！……你完了小冤家，我的老命也就不要了……”绣绣在呻吟中间显然还在哭辩着。“哪里是那些，妈……今早上……我渴，喝了许多泉水。”

家里派人把我拉回去。我记得那一夜我没得好睡，惦记着绣绣，做着种种可怕的梦。绣绣病了差不多一个月，到如今我也不知道到底患的什么病，他们请过两次不同的大夫，每次买过许多杂药。她妈天天给她稀饭吃。正式的医药没有，营养更是等于零的。

因为绣绣的病，她妈妈埋怨过我们，所以她病里谁也不敢送吃的给她。到她病将愈的时候，我天天只送点儿童画报一类的东西去同她玩。

病后，绣绣那灵活的脸上失掉所有的颜色，更显得异样温柔，差不多超尘的洁净，美得好像画里的童神一般，声音也非常脆弱动听，牵得人心里不能不漾起怜爱。但是以后我常常想到上帝不仁的摆布，把这么美好敏感，能叫人爱的孩子虐待在那么一个环境里，明明父母双全的孩子，却那样零仃孤苦，使她比失却怙恃更茕孑无所依附。当然，我自己除却给她一点童年的友谊，作个短时期的游伴以外，毫无其他能力护助着这孩子同她的运命搏斗。

她父亲在她病里曾到她们那里看过她一趟，停留了一个极短的时间。但他因为不堪忍受绣绣妈的一堆存积下的埋怨，他还发气狠心地把她们母女反申斥了，教训了，也可以说是辱骂了一顿。悻悻地，他留下一点钱就自己走掉，声明以后再也不来看她们了。

我知道绣绣私下曾希望又希望着她爹去看她们，每次结果都是出了她孩子打算以外的不圆满。这使她很痛苦。这一次她忍耐不住了，她大胆地埋怨起她的妈，“妈妈，都是你这样子闹，所以爹气走了，赶明日他再也不来了！”其实，绣绣心里同时也在痛苦着埋怨她爹。她有一次就轻声地告诉过我：“爹爹也太狠心了，妈妈虽然有脾气，她实在很苦的，她是有病。你知道她生过六个孩子，只剩我一个女的。从前，她常常一个人在夜里哭她死掉的孩子，日中老是做活计，样子同现在很两样，脾气也很好的。”但是绣绣虽然告诉过我——她的朋友——她的心绪，对她母亲的同情，徐大奶奶都只听到绣绣对她一时气愤的埋怨，因此便借题发挥起来，夸张着自己的委屈，向女儿哭闹，谩骂。

那天张家有人听得不过意了，进去干涉，这一来，更触动了徐大奶奶的歇斯塔尔利亚的脾气，索性气结地坐在地上狠命地咬牙捶胸，疯狂似的大哭。等到我也得到消息过去看她们时，绣绣已哭到眼睛红肿，蜷伏在床上一个角里抽搐得像个可怜的迷路的孩子。左右一些邻居都好奇，好事地进去看她们。我听到出来的人议论着她们事说："徐大爷前月生个男孩子。前几天替孩子做满月办了好几桌席，徐大奶奶本来就气得几天没有吃好饭，今天大爷来又说了她同绣绣一顿，她更恨透了，巴不得同那个新的人拼命去！凑巧绣绣还护着爹，倒怨起妈来，你想，她可不就气疯了，拿孩子来出气么？"我还听见有人为绣绣不平，又有人说："这都是孽债，绣绣那孩子，前世里该了他们什么吧？怪可怜的，那点点年纪，整天这样捱着。你看她这场病也会不死？这不是该他们什么还没有还清么？！"

绣绣的环境一天不如一天，的确好像有孽 债似的，她妈的暴躁比以前更迅速地加增，虽然她对绣绣的病不曾有效地维护调摄，为着忧虑女儿的身体那烦恼的事实却增进她的衰弱怔忡的症候，变成一个极易受刺激的妇人。为着一点点事，她就得狂暴地骂绣绣。有几次简直无理地打起孩子来。楼上张家不胜其烦，常常干涉着，因之又引起许多不愉快的口角，给和平的绣绣更多不方便同为难。

我自认已不迷信的了，但是人家说绣绣似来还孽债的话，却偏偏深深印在我脑子里，让我回味又回味着，不使我摆脱开那里所隐示的果报轮回之说。读过《聊斋志异》同《西游记》的小孩子的脑子里，本来就装着许多荒唐的幻想的，无意的迷信的话听了进去便很自然发生了相当影响。此后不多时候，我竟暗同绣绣谈起观音菩萨的神通来。两人背着人描下柳枝观音的像夹在书里，又常常在后院向西边虔敬地做了一些滑稽的参拜，或烧几炷家里的蚊香。我并且还教导绣绣暗中临时念“阿弥陀佛，救苦救难观世音菩萨”，告诉她那可以解脱突来的灾难。病得瘦白柔驯，乖巧可人的绣绣，于是真的常常天真地双垂着眼，让长长睫毛美丽地覆在脸上，合着小小手掌，虔意地喃喃向着传说能救苦的观音祈求一些小孩子的奢望。

“可是，小姊姊，还有耶稣呢？”

有一天她突然感觉到她所信任的神明问题有点儿蹊跷，我们两人都是进过教会学校的——我们所受的教育，同当时许多小孩子一样本是矛盾的。

“对了，还有耶稣！”我呆然，无法给她合理的答案。神明本身既发生了问题，神明自有公道慈悲等说也就跟着动摇了。但是一个漂泊不得于父母的寂寞孩子显然需要可皈依的主宰的，所以据我所知道，后来观音同耶稣竟是同时庄严地在绣绣心里受她不断地敬礼！

这样日子渐渐过去，天凉快下来，绣绣已经又被指使着去临近小店里采办杂物，单薄的后影在早晨凉风中摇曳着，已不似初夏时活泼。看到人总是含羞地不说什么话，除却过来找我一同出街外，也不常到我们这边玩了。

突然地有一天早晨，张家楼下发出异样紧张的声浪，徐大奶奶在哭泣中锐声气愤地在骂着，诉着，喘着，与这锐声相间而发的有沉重的发怒的男子口音。事情显然严重。借着小孩子身份，我飞奔过去找绣绣。张家楼前停着一辆讲究的家车，徐大奶奶房间的门开着一线，张家楼上所有的仆人，厨役，打杂同老妈，全在过道处来回穿行，好奇地听着热闹。屋内秩序比寻常还要紊乱，刚买回来的肉在荷叶上挺着，一把蔬菜萎靡的像一把草，搭在桌沿上，放出灶边或菜市里那种特有气味，一堆碗箸，用过的同未用的，全在一个水盆边放着。墙上美人牌香烟的月份牌已让人碰得在歪斜里悬着。最奇怪的是那屋子里从来未有过的雪茄烟的气雾。徐大爷坐在东边木床上，紧紧锁着眉，怒容满面，口里衔着烟，故作从容地抽着，徐大奶奶由邻居里一个老太婆同一个小脚老妈子按在一张旧藤椅上还断续地颤声地哭着。

当我进门时，绣绣也正拉着楼上张太太的手进来，看见我头低了下去，眼泪显然涌出，就用手背去擦着已经揉得红肿的眼皮。

徐大奶奶见到人进来就锐声地申诉起来。她向着楼上张太太："三奶奶，你听听我们大爷说的没有理的话！……我就有这么半条老命，也不能平白让他们给弄死！我熬了这二十多年，现在难道就这样子把我撵出去？人得有个天理呀！……我打十七岁来到他家，公婆面上什么没有受过，捱过……"

张太太望望徐大爷，绣绣也睁着大眼睛望着她的爹，大爷先只是抽着烟严肃地冷酷地不做声。后来，忽然立起来，指着绣绣的脸，愤怒地做个强硬的姿势说："我告诉你，不必说那许多废话，无论如何，你今天非把家里那些地契拿出来交还我不可……这真是岂有此理！荒唐之至！老家里的田产地契也归你管了，这还成什么话！"

夫妇两人接着都有许多驳难的话；大奶奶怨着丈夫遗弃，克扣她钱，不顾旧情，另有所恋，不管她同孩子两人的生活，在外同那女人浪费；大爷说他妻子，不识大体，不会做人，他没有法子改良她，他只好提另再娶能温顺着他的女人另外过活，坚不承认有何虐待大奶奶处。提到地契，两人各据理由争执，一个说是那一点该是她老年过活的凭借，一个说是祖传家产不能由她做主分配。相持到吃中饭时分，大爷的态度愈变强硬，大奶奶却喘成一团，由疯狂地哭闹，变成无可奈何地啜泣。别人已渐渐退出。

直到我被家里人连催着回去吃饭时，绣绣始终只缄默地坐在角落里，由无望地伴守着两个互相仇视的父母，听着楼上张太太的几次清醒的公平话，尤其关于绣绣自己的地方。张太太说的要点是他们夫妇两人应该看绣绣面上，不要过于固执。她说："那孩子近来病得很弱，"又说："大奶奶要留着一点点也是想到将来的事，女孩子长大起来还得出嫁，你不能不给她预备点。"她又说："我看绣绣很聪明，下季就不进学，开春也应该让她去补习点书。"她又向大爷提议："我看以后大爷每月再给绣绣筹点学费，这年头女孩不能老不上学，尽在家里做杂务的。"

这些中间人的好话到了那生气的两个人耳里，好像更变成一种刺激，大奶奶听到时只是冷讽着："人家有了儿子了，还顾了什么女儿！"大爷却说："我就给她学费，她那小气的妈也不见得送她去读书呀？"大奶奶更感到冤枉了，"是我不让她读书么？你自己不说过，女孩子不用读那么些书么？"

无论如何，那两人固执着偏见，急迫只顾发泄两人对彼此的仇恨，谁也无心用理性来为自己的纠纷寻个解决的途径，更说不到顾虑到绣绣的一切。那时我对绣绣的父母两人都恨透了，恨不得要同他们说理，把我所看到各种的情形全盘不平地倾吐出来，叫他们醒悟，乃至于使他们悔过，却始终因自己年纪太小，他们情形太严重，拿不起力量，懦弱地抑制下来。但是当我咬着牙毒恨他们时，我偶然回头看到我的小朋友就坐在那里，眼睛无可奈何地向着一面，无目地愣着，忽然使我起一种很奇怪的感觉。我悟到此刻在我看去无疑问的两个可憎可恨的人，却是那温柔和平绣绣的父母。我很明白即使绣绣此刻也有点恨他们，但是蒂结在绣绣温婉的心底的，对这两人到底仍是那不可思议的深爱！

我在惘惘中回家去吃饭，饭后等不到大家散去，我就又溜回张家楼下。这次出我意料以外地，绣绣房前是一片肃静。外面风刮得很大，树叶和尘土由甬道里卷过，我轻轻推门进去，屋里的情形使我不禁大吃一惊，几乎失声喊出来！方才所有放在桌上木架上的东西，现在一起打得粉碎，扔散在地面上……大爷同大奶奶显然已都不在那里，屋里既无啜泣，也没有沉重的气愤的申斥声，所余仅剩苍白的绣绣，抱着破碎的想望，无限的伤心，坐在老妈子身边。雪茄烟气息尚香馨地笼罩在这一幅惨淡滑稽的画景上面。

“绣绣，这是怎么了？”绣绣的眼眶一红，勉强调了一下哽咽的嗓子，“妈妈不给那——那地契，爹气了就动手扔东西，后来……他们就要打起来，隔壁大妈给劝住，爹就气着走了……妈让他们挟到楼上‘三阿妈’那里去了。”

小脚老妈开始用条帚把地上碎片收拾起来。

忽然，在许多凌乱中间，我见到一些花磁器的残体，我急急拉过绣绣两人一同俯身去检验。

“绣绣！”我叫起来，“这不是你那两只小磁碗？也……让你爹砸了么？”

绣绣泪汪汪地点点头，没有答应，云似的两簇花磁器的担子和初夏的景致又飘过我心头，我捏着绣绣的手，也就默然。外面秋风摇撼着楼前的破百叶窗，两个人看着小脚老妈子将那美丽的尸骸同其他茶壶粗碗的碎片，带着茶叶剩菜，一起送入一个旧簸箕里，葬在尘垢中间。

这世界上许多纷纠使我们孩子的心很迷惑——那年绣绣十一，我十三。

终于，在那年的冬天，绣绣的迷惑终止在一个初落雪的清早里。张家楼房背后那一道河水，冻着薄薄的冰，到了中午阳光隔着层层的雾惨白地射在上面，绣绣已不用再缩着脖颈，顺着那条路，迎着冷风到那里去了！无意地她却把她的迷惑留在我心里，飘忽于张家楼前同小店中间直到了今日。

二十六年三月二十日

原载 1937 年 4 月 18 日《大公报·文艺副刊》

诗歌

“谁爱这不息的变幻”

谁爱这不息的变幻，她的行径？
催一阵急雨，抹一天云霞，月亮，
星光，日影，在在都是她的花样，
更不容峰峦与江海偷一刻安定。
骄傲的，她奉着那荒唐的使命：
看花放蕊树凋零，娇娃做了娘；
叫河流凝成冰雪，天地变了相；
都市喧哗，再寂成广漠的夜静！
虽说千万年在她掌握中操纵，
她不曾遗忘一丝毫发的卑微。
难怪她笑永恒是人们造的谎，
来抚慰恋爱的消失，死亡的痛。
但谁又能参透这幻化的轮回，
谁又大胆地爱过这伟大的变换？

四月十二日，香山

原载 1931 年 4 月《诗刊》第 2 期

那一晚

那一晚我的船推出了河心，
澄蓝的天上托着密密的星。
那一晚你的手牵着我的手，
迷惘的星夜封锁起重愁。
那一晚你和我分定了方向，
两人各认取个生活的模样。

到如今我的船仍然在海面漂，
细弱的桅杆常在风涛里摇。
到如今太阳只在我背后徘徊，
层层的阴影留守在我周围。
到如今我还记着那一晚的天，
星光，眼泪，白茫茫的江边！
到如今我还想念你岸上的耕种：
红花儿黄花儿朵朵的生动。

那一天我希望要走到了顶层，
蜜一般酿出那记忆的滋润。
那一天我要挎上带羽翼的箭，
望着你花园里射一个满弦。
那一天你要听到鸟般的歌唱，
那便是我静候着你的赞赏。

那一天你要看到零乱的花影，
那便是我私闯入当年的边境！
原载 1931 年 4 月《诗刊》第 2 期
署名：尺棰

笑

笑的是她的眼睛，口唇，
和唇边浑圆的漩涡。
艳丽如同露珠，
朵朵的笑向
贝齿的闪光里躲。
那是笑——神的笑，美的笑；
水的映影，风的轻歌。

笑的是她惺松的鬈发，
散乱地挨着她的耳朵。
轻软如同花影，
痒痒的甜蜜
涌进了你的心窝。
那是笑——诗的笑，画的笑；
云的留痕，浪的柔波。
原载 1931 年 9 月《新月诗选》

深夜里听到乐声

这一定又是你的手指，
轻弹着，
在这深夜，稠密的悲思；

我不禁颊边泛上了红，
静听着，
这深夜里弦子的生动。

一声听从我心底穿过，
忒凄凉
我懂得，但我怎能应和？

生命早描定她的式样，
太薄弱
是人们的美丽的想象。

除非在梦里有这么一天，
你和我
同来攀动那根希望的弦。

原载 1931 年 9 月《新月诗选》

情愿

我情愿化成一片落叶，
让风吹雨打到处飘零；
或流云一朵，在澄蓝天，
和大地再没有些牵连。

但抱紧那伤心的标帜，
去触遇没着落的怅惘；
在黄昏，夜班，蹑着脚走，
全是空虚，再莫有温柔；

忘掉曾有这世界；有你；
哀悼谁又曾有过爱恋；
落花似的落尽，忘了去
这些个泪点里的情绪。

到那天一切都不存留，
比一闪光，一息风更少
痕迹，你也要忘掉了我
曾经在这世界里活过。

原载 1931 年 9 月《新月诗选》

仍然

你舒伸得像一湖水向着晴空里
白云，又像是一流冷涧，澄清
许我循着林岸穷究你的泉源：
我却仍然怀抱着百般的疑心
对你的每一个映影！

你展开像个千辦的花朵！
鲜妍是你的每一瓣，更有芳沁，
那温存袭人的花气，伴着晚凉：
我说花儿，这正是春的捉弄人，
来偷取人们的痴情！

你又学叶叶的书篇随风吹展，
揭示你的每一个深思；每一角心境，
你的眼睛望着我，不断地在说话：
我却仍然没有回答，一片的沉静
永远守住我的魂灵。

原载 1931 年 9 月《新月诗选》

山中一个夏夜

山中有一个夏夜，深得
像没有底一样；
黑影，松林密密的；
周围没有点光亮。
对山闪着只一盏灯——两盏
像夜的眼，夜的眼在看！

满山的风全蹑着脚
像是走路一样；
躲过了各处的枝叶
各处的草，不响。
单是流水，
不断的在山谷上
石头的心，
石头的口在唱。

均匀的一片静，罩下
像张软垂的幔帐。
疑问不见了，四角里
模糊，是梦在窥探？
夜像在祈祷，无声的在期望
幽郁的虔诚在无声里布漫。

一九三一年（据手稿）

原载 1933 年 6 月《新月》4 卷第 7 期

激昂

我要借这一时的豪放
和从容，灵魂清醒的
在喝一泉甘甜的鲜露，
来挥动思想的利剑，
舞它那一瞥最敏锐的
锋芒，像皑皑塞野的雪
在月的寒光下闪映，
喷吐冷激的辉艳；一斩，
斩断这时间的缠绵，
和猥琐网布的纠纷，
剖取一个无瑕的透明，
看一次你，纯美，
你的裸露的庄严。
……

然后踩登
任一座高峰，攀牵着白云
和锦样的霞光，跨一条
长虹，瞰临着澎湃的海，
在一穹匀静的澄蓝里，
书写我的惊讶与欢欣，
献出我最热的一滴眼泪，

我的信仰，至诚，和爱的力量，
永远膜拜，
膜拜在你美的面前！

五月，香山

原载1931年9月《北斗》创刊号

你是人间的四月天

——一句爱的赞颂

我说你是人间的四月天；
笑响点亮了四面风；轻灵
在春的光艳中交舞着变。

你是四月早天里的云烟，
黄昏吹着风的软，星子在
无意中闪，细雨点洒在花前。

那轻，那娉婷，你是，鲜妍
百花的冠冕你戴着，你是
天真，庄严，你是夜夜的月圆。

雪化后那片鹅黄，你像；新鲜
初放芽的绿，你是；柔嫩喜悦，

水光浮动着你梦期待中白莲。

你是一树一树的花开，是燕
在梁间呢喃，——你是爱，是暖，
是希望，你是人间的四月天！

原载 1934 年 4 月 5 日《学文》1 卷第 1 期

记忆

断续的曲子，最美或最温柔的
夜，带着一天的星。
记忆的梗上，谁不有
两三朵娉婷，披着情绪的花
无名地展开
野荷的香馥，
每一瓣静处的月明。

湖上风吹过，额发乱了，或是
水面皱起像鱼鳞的锦。
四面里的辽阔，如同梦
荡漾着中心彷徨的过往
不着痕迹，谁都
认识那图画，

沉在水底记忆的倒影！

二十五年二月

原载 1936 年 3 月 22 日《大公报·文艺副刊》

静坐

冬有冬的来意，
寒冷像花，——
花有花香，冬有回忆一把。
一条枯枝影，青烟色的瘦细，
在午后的窗前拖过一笔画；
寒里日光淡了，渐斜……
就是那样的
像待客人说话
我在静沉中默啜着茶。

二十五年冬十一月

原载 1937 年 1 月 31 日《大公报·文艺副刊》

莲灯

如果我的心是一朵莲花
正中擎出一支点亮的蜡，

荧荧虽则单是那一剪光，
我也要它骄傲地捧出辉煌。
不怕它只是我个人的莲灯，
照不见前后崎岖的人生——
浮沉它依附着人海的浪涛
明暗自成了它内心的秘奥。
单是那光一闪花一朵——
像一叶轻舸驶出了江河——
宛转它飘随命运的波涌
等候那阵阵风向远处推送。
算做一次过客在宇宙里，
认识这玲珑的生从容的死，
这飘忽的途程也就是个——
也就是个美丽美丽的梦。

二十一年七月半，香山

原载1933年3月《新月》4卷第6期

别丢掉

别丢掉
这一把过往的热情，
现在流水似的，
轻轻

在幽冷的山泉底，

在黑夜　在松林，

叹息似的渺茫，

你仍要保存着那真！

一样是月明，

一样是隔山灯火，

满天的星，

只使人不见，

梦似的挂起，

你问黑夜要回

那一句话——你仍得相信

山谷中留着

有那回音！

二十一年夏

原载1936年3月15日《大公报·文艺副刊》

昼梦

昼梦

垂着纱，

无从追寻那开始的情绪

还未曾开花；

柔韧得像一根

乳白色的茎，缠住
纱帐下；银光
有时映亮，去了又来；
盘盘丝络
一半失落在梦外。

花竟开了，开了；
零落的攒集，
从容的舒展，
一朵，那千百瓣！
抖擞那不可言喻的
刹那情绪，
庄严峰顶——
天上一颗星……
晕紫，深赤，
天空外旷碧，
是颜色同颜色浮溢，腾飞……
深沉，
又凝定——
悄然香馥，
袅娜一片静。

昼梦
垂着纱，

无从追踪的情绪
开了花；
四下里香深，
低覆着禅寂，
间或游丝似的摇移，
悠忽一重影；
悲哀或不悲哀
全是无名，
一闪娉婷。

二十五年暑中，北平

原载1936年8月30日《大公报·文艺副刊》

冥思

心此刻同沙漠一样平
思想像孤独的一个阿拉伯人；
仰脸孤独的向天际望
落日远边奇异的霞光，
安静的，又侧个耳朵听
远处一串骆驼的归铃。

在这白色的周遭中，
一切像凝冻的雕形不动；

白袍，腰刀，长长的头巾，

浪似的云天，沙漠上风！

偶有一点子振荡闪过天线，

残霞边一颗星子出现。

二十五年夏末

原载 1936 年 12 月 13 日《大公报·文艺副刊》

病中杂诗（九首）

一天

今天十二个钟头，

是我十二个客人，

每一个来了，又走了，

最后夕阳拖着影子也走了！

我没有时间盘问我自己胸怀，

黄昏却蹑着脚，好奇地偷着进来！

我说：朋友，这次我可不对你诉说啊，

每次说了，伤我一点骄傲。

黄昏黯然，无言地走开，

孤单的，沉默的，我投入夜的怀抱！

三十一年春，李庄

恶劣的心绪

我病中，这样缠住忧虑和烦扰，
好像西北冷风，从沙漠荒原吹起，
逐步吹入黄昏街头巷尾的垃圾堆；
在霉腐的琐屑里寻讨安慰，
自己在万物消耗以后的残骸中惊骇，
又一点一点给别人扬起可怕的尘埃！
吹散记忆正如陈旧的报纸飘在各处彷徨，
破碎支离的记录只颠倒提示过去的骚乱。
多余的理性还像一只饥饿的野狗
那样追着空罐同肉骨，自己寂寞地追着
咬嚼人类的感伤；生活是什么都还说不上来，
摆在眼前的已是这许多渣滓！

我希望：风停了；今晚情绪能像一场小雪，
沉默的白色轻轻降落地上；
雪花每片对自己和他人都带一星耐性的仁慈，
一层一层把恶劣残破和痛苦的一起掩藏；
在美丽明早的晨光下，
焦心暂不必再有，——
绝望要来时，索性是雪后残酷的寒流！

三十六年十二月病中动手术前

忧郁

忧郁自然不是你的朋友；
但也不是你的敌人，你对他不能冤屈！
他是你强硬的债主，你呢？是
把自己灵魂押给他的赌徒。

你曾那样拿理想赌博，不幸
你输了；放下精神最后保留的田产，
最有价值的衣裳，然后一切你都
赔上，连自己的情绪和信仰，那不是自然？

你的债权人他是，那么，别尽问他脸貌
到底怎样！呀天，你如果一定要看清
今晚这里有盏小灯，灯下你无妨同他
面对面，你是这样的绝望，他是这样无情！

三十三年写于李庄

十一月的小村

我想象我在轻轻地独语：
十一月的小村外是怎样个去处？
是这渺茫江边淡泊的天；
是这映红了的叶子疏疏隔着雾；

是乡愁，是这许多说不出的寂寞；
还是这条独自转折来去的山路？
是村子迷惘了，绕出一丝丝青烟；
是那白沙一片篁竹围着的茅屋？
是枯柴爆裂着灶火的声响，
是童子缩颈落叶林中的歌唱？
是老农随着耕牛，远远过去，
还是那坡边零落在吃草的牛羊？
是什么做成这十一月的心，
十一月的灵魂又是谁的病？
山坳子叫我立住的仅是一面黄土墙；
下午透过云霾那点子太阳！
一棵野藤绊住一角老墙头，斜睨
两根青石架起的大门，倒在路旁
无论我坐着，我又走开，
我都一样心跳；我的心前
虽然烦乱，总像绕着许多云彩，
但寂寂一湾水田，这几处荒坟，
它们永说不清谁是这一切主宰
我折一根柱枝，看下午最长的日影
要等待十一月的回答微风中吹来。

三十三年初冬，李庄

对残枝

梅花你这些残了后的枝条，
是你无法诉说的哀愁！
今晚这一阵雨点落过以后，
我关上窗子又要同你分手。

但我幻想夜色安慰你伤心，
下弦月照白了你，最是同情，
我睡了，
我的诗记下你的温柔，
你不妨安心放芽去做成绿荫。

三十五年写于昆明

对北门街园子

别说你寂寞；大树拱立，
草花烂漫，一个园子永远
睡着；没有脚步的走响。

你树梢盘着飞鸟，每早云天
吻你额前，每晚你留下对话
正是西山最好的夕阳。

三十五年写于昆明

写给我的大姊

当我去了，还有没说完的话，
好像客人去后杯里留下的茶；
说的时候，同喝的机会，都已错过，
主客黯然，可不必再去惋惜它。
如果有点感伤，你把脸掉向窗外，
落日将尽时，西天上，总还留有晚霞。

一切小小的留恋算不得罪过，
将尽未尽的衷曲也是常情。
你原谅我有一堆心绪上的闪躲，
黄昏时承认的，否认等不到天明；
有些话自己也还不曾说透，
他人的了解是来自直觉的会心。

当我去了，还有没说完的话，
像钟敲过后，时间在悬空里暂挂，
你有理由等待更美好的继续；
对忽然的终止，你有理由惧怕。
但原谅吧，我的话语永远不能完全，
亘古到今情感的矛盾做成了嘶哑。

三十六年写于北平

小诗（一）

感谢生命的讽刺嘲弄着我，
会唱的喉咙哑成了无言的歌。
一片轻纱似的情绪，本是空灵，
现时上面全打着拙笨补丁。

肩头上先是挑起两担云彩，
带着光辉要在从容天空里安排；
如今黑压压沉下现实的真相，
灵魂同饥饿的脊梁将一起压断！

我不敢问生命现在人该当如何
喘气！经验已如旧鞋底的穿破，
这纷歧道路上，石子和泥土模糊，
还是赤脚方便，去认取新的辛苦。

三十六年写于北平

小诗（二）

小蚌壳里有所有的颜色；
整一条虹藏在里面。
绚彩的存在是他的秘密，
外面没有夕阳，也不见雨点。

黑夜天空上只一片渺茫；

整宇宙星斗那里闪亮，

远距离光明如无边海面，

是每小粒晶莹，给了你方向。

三十六年写于北平

注：《小诗》（一）、（二）及《恶劣的心绪》《写给我的大姊》、《一天》《对残枝》《对北门街园子》《十一月的小村》《忧郁》等九首写于不同时间和地点的诗，曾以《病中杂诗（九首）》的标题，同时发表在1948年5月《文学杂志》2卷第12期上。

一串疯话

好比这树丁香，几枝山红杏，

相信我的心里留着有一串话，

绕着许多叶子，青青的沉静，

风露日夜，只盼五月来开开花！

如果你是五月，八月里为我吹开

蓝空上霞彩，那样子来了春天，

忘掉腼腆，我定要转过脸来，

把一串疯话全说在你的面前！

原载1948年2月22日《经世日报·文艺周刊》第58期

主要参考资料

《林徽因与梁思成：一对探索中国建筑史的伴侣》，（美）费慰梅著，法律出版社，2014年5月。

《林徽因集——小说 戏剧 翻译 书信》，梁从诫编，人民文学出版社，2015年3月。

《小脚与西服——张幼仪与徐志摩的家变》，张邦梅著，黄山出版社，2011年9月。

《梁思成、林徽因与我》，林洙著，清华大学出版社，2004年6月。

《中国最古老的木构建筑》，梁思成，原载《亚洲杂志》1941年7月号。

《梁思成与林徽因》（纪录片），胡劲草，2010年10月。

以及林宣、梁从诫、梁再冰、吴良镛、金岳霖、汪曾祺等访谈或回忆录。

后记｜让我们谈一场老派的恋爱

朋友失恋，都已经过去几个月了还未痊愈。那段关系给她造成的困扰，总会在某个时刻突然跳出来，让快要痊愈的她在某一瞬间突然神色就黯淡下来。有时候，仅仅是因为路过曾经一起去过的店铺，听到一首他分享给她的歌，甚至在某张废纸上看到他名字里面的某个字。

她说，那种痛就像春天泥土里的蚯蚓在心中蠢蠢欲动；又像被人按住手脚，并刻意找准心口最痛的点然后重重锤击下去。

朋友其实是个心智成熟、长相漂亮的女生，不会因为同某个男人的分手而大吵大闹，要死要活，也不会因此轻易就将此人划分到渣男的行列。其实这段感情也仅持续半年，两个人相处愉快，即便有些小小的分歧，也从未互相狠狠伤害。有时候她也怀疑两个人并未轰轰烈烈地爱过，但分手这件事依然深深刺痛了她。

她之所以如此难过，是因为对方不告而别了。

他通过社交软件敲下了一段分手的原因，就决绝地再也不回复她的任何消息。

她曾试图去他居住的小区找他，但又打消了这个念头。对于一个决定要逃走的人，即便有一万种可以找到对方的方式，也已无济于事。

她知道自己最终会从这场分手中走出来，但这需要一段时间。目前她只能用各种方式来帮助自己完成失恋后的心灵重建。

很多年前，我们在一起看过一个电影《蓝莓之夜》：

失恋的女主角伊莉莎白一直想与前男友有个正式的告别。但当她走到他们同居过的房子楼下，却看到窗户上映出男友在亲吻另一个女孩的剪影，于是这段感情便失去了告别的对手。

在此之前，她住处附近的小酒馆老板也曾给过她些许的温暖，令她心动。其实她只要拉开酒吧的门，就可以同里面那个温暖的男人开始一段新的恋情。可她却关上了即将拉开的门，转身，离开。

她决定自己去告别，决定走一段远远的路再回来。

她驾驶一辆二手敞篷车，开始了自己的长途旅行。当她再次回到纽约的时候，时间和旅途中的故事已经让她的伤口体面地愈合了，她已经可以坦然地推开酒吧的门，与那个一直牵挂自己的男人一起分吃一份蓝莓蛋糕。

在别人看来，她只是消失了一阵子。但对她来说，这意义非同寻常。在一次告别的旅途中，她其实已经敲掉了自身那丑陋、坏死的部分，活出了全新的自己。

有时候，我们默默地做很多无关他人的事情，只是为了给自己和下一个要去爱的人一个交代。

电影散场时，她说如果以后一定要与某人分手，一定要好好告别，不给自己和对方造成伤害。现在，她倒是成长为一个会“好好告别”的人了，但是所遇之人却没有。

在《了不起的盖茨比》里，女高尔夫球手乔丹有一个“好司机与坏司机”的理论。大意是：我是个坏司机不要紧，只要路上其他人都是好司机，就不会撞车。在分手这件事上，朋友遭遇了坏司机，不但撞了车，那个人还逃逸了，连对峙的机会都不给她。

从来不信奉任何宗教的她，甚至想通过宗教的力量来让自己内心平静，因为她不想带着恨意继续前行。她说：

直到有天，我梦到他，梦里面的他有些无助，他在梦里哭了，他把我的五官变形后重新拼成了一幅艺术品送给我，并拥抱了我对我说了再见。醒来后，我心里已经没有之前那么悲伤，我从来没有在现实中看到他哭，我想他也不是对这段感情无所谓的吧。

然后，我抽取了一张解读爱情的塔罗牌。牌位解析的关键词里面有句“对方也在伤心”。这两件事情，让我觉得内心百分之九十的创伤被治愈了。最初，我想把他留给我的一只好看的水晶杯狠狠摔碎，但现在，我把它放在工作的桌子上，即便每天都可以看到，也不觉得心痛了。

其实，在这两个多月里，她不过是一直在寻找曾“被爱过”的证明，寻找“在我爱着你的时候，你也在爱着我”的证据。如果两个人在一起的时候，都深深地感受到被对方爱过，那么即便是分手，心里也会留有温暖。但是在电子化的时代，有太多东西都随着“一键删除”被抹去了，仅剩一些电光石火的片段留在容量并不是很大的脑子里，人们带着一颗铁石心肠，头也不回地向前走。

在老派的爱情里，一对缘尽的男女分手了，女人会把他为她写过的信纷纷点燃，随着它们的一点点燃尽，心情也就渐渐平复。

我不能不想到徐志摩。现代都市的女人每每提到他，都免不了要说他花心。我却觉得，现代人真没有什么资格批评他。他一生为爱勇敢，在他的生命中，两个重要的女人林徽因和陆小曼，他都爱得很用心。

他爱林徽因，爱了10年。从第一眼见到她，一直到他生命的终结，他也从不向这段爱情要回报。他们之间，从开始的爱情，到后面升华为友情，占据了他生命中最重要的时光，他为她写了大量的诗歌，留下很多“爱的证据”。在给她的最后一封信中，他深情地写道：“我还牵记你家矮墙上的艳阳。”

这距离他们的第一次见面已经过去10年，他仍对她如此深情。

不知从哪一天开始，我们被教导：在爱情里，一定不要成为先动心的那个；如果已经动心，也要马上管住自己；如果分了手，分手后务必要老死不相往来。

大家都怕痛，刚刚浅尝一点儿爱情的苦楚，就立刻害怕地缩进自己的壳子里。

我们生在一个任性的时代，可能几天前，还在拥抱的两个人，突然就失散了，分手的男女就像两滴无关紧要的水，落入茫茫大海，从此谁也认不出谁。我们多想用老派的方式“被爱”或者“去爱一个人”，就像徐志摩，就像梁思成，就像金岳霖，就像林徽因。

请试着为我亲手写一封信，请试着为我亲手画一幅画；即便要分手，也请郑重地与彼此告别。

·END·

图书在版编目（CIP）数据

林徽因 ： 在所有物是人非的景色里，我只喜欢你 / 程碧著．
— 沈阳 ： 辽宁人民出版社， 2016.11（2018.4 重印）
ISBN 978-7-205-08754-8

Ⅰ．①林… Ⅱ．①程… Ⅲ．①林徽因（1904-1955）—传记
Ⅳ．①K826.16

中国版本图书馆 CIP 数据核字（2016）第 253614 号

出版发行：辽宁人民出版社
地址：沈阳市和平区十一纬路 25 号　邮编：110003
http://www.lnpph.com.cn
印　　刷：天津中印联印务有限公司
幅面尺寸：145mm×210mm
印　　张：9.25
字　　数：180 千字
出版时间：2016 年 11 月第 1 版
印刷时间：2018 年 4 月第 3 次印刷
责任编辑：蔡　伟
封面设计：柠　檬
版式设计：仙　境
责任校对：吴艳杰
书　　号：ISBN 978-7-205-08754-8
定　　价：39.80 元